ENFER

Dr. Jaerock Lee

1

2

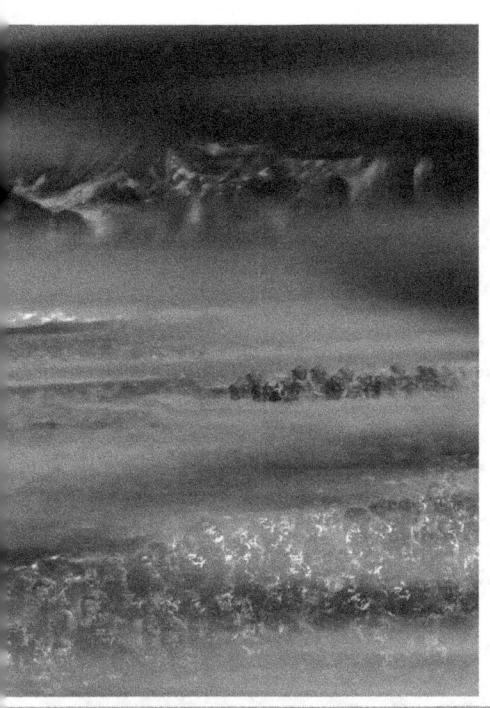

1 Le sang qui coule de la multitude d'âmes non sauvées qui sont horriblement torturées dans le Tombeau Inférieur forme une vaste rivière qui coule.

2 Des messagers de l'enfer hideusement horribles forcent ceux qui les voient à trembler de peur. Leurs visages peuvent avoir une forme humaine ou ils ont la forme de divers vilains animaux, y compris des porcs et des animaux impurs repris dans le Lévitique au chapitre 11. Leurs apparences sont maudites, déformées et ornées de designs grotesques avec des couleurs et des tonalités bizarres.

3 Sur les rives de la rivière de sang, il y a de nombreux enfants tourmentés qui ont de 6 ans jusqu'avant l'âge de la puberté. Selon la sévérité de leurs péchés, leurs corps sont profondément enterrés dans le bourbier près de la rivière de sang. Ils sont piétinés par les messagers de l'enfer. Des vers les rongent tandis que des insectes venimeux les mordent et les piquent.

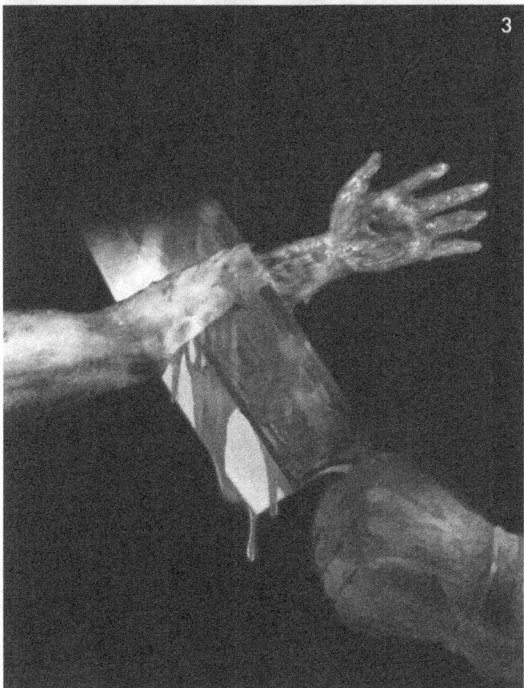

1 Des âmes sont confinées dans une piscine d'eau de déchets, remplie de pestilence qui fourmille d'affreux insectes. Ces insectes ressemblent à des asticots, mais ils sont beaucoup plus grands. Ces insectes s'approchent des âmes qui sont fermement attachées dans la piscine et qui ne peuvent pas bouger. Ils grignotent les corps des âmes confinées. Ils grignotent les yeux et ensuite percent le globe oculaire jusqu'au cerveau. Ils percent aussi les corps au travers de l'abdomen.

2,3 D'une petite dague à une hache, un messager de l'enfer haineusement affreux et terrifiant à forme de porc, prépare une large variété d'outils et d'objets pour la torture. L'âme qui est attachée à un arbre est terrifiée et atterrée tandis que le messager de l'enfer s'approche avec un rictus affreux et le couteau aiguisé.

Un pot enflammé est rempli d'une terrible puanteur et d'un liquide très vite bouillant. Les âmes condamnées qui avaient l'habitude d'être mari et femme sont plongées dans le pot, une à la fois. Un messager de l'enfer met chaque âme dans le pot, et la température du liquide donne des ampoules sur tout le corps. Tandis qu'une âme est tourmentée, l'autre plaide pour que la punition de son partenaire dure plus longtemps. Comme s'il regardait un film intéressant, le messager de l'enfer prête attention à leur torture et il rend le pot enflammé encore plus bouillant pour son plaisir et sa joie accrus.

Tandis qu'un messager de l'enfer lève ses mains vers les âmes condamnées qui gravissent une pente, des petits insectes qui ressemblent exactement au messager de l'enfer sont répandus partout comme des gouttelettes d'eau répandues sur le pays. Avec leurs bouches largement ouvertes, exposant leurs dents acérées, ces insectes grimpent rapidement la pente et chassent les âmes. Les âmes terrifiées gravissent à la hâte la pente au point que leurs mains et leurs pieds s'abîment. Alors, instantanément, elles sont recouvertes par les insectes et tombent sur le sol.

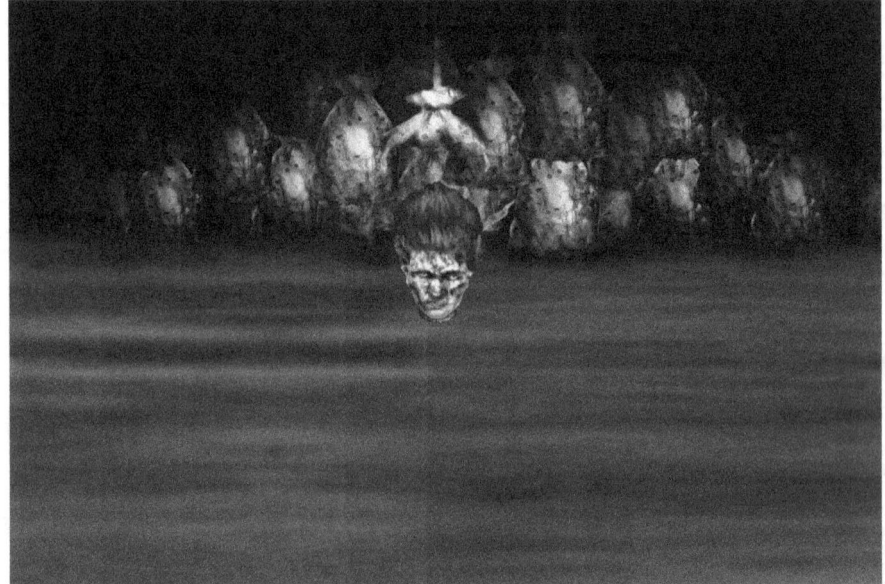

Lorsqu'un messager de l'enfer pointe du doigt vers le plafond et se moque d'une âme qui s'est opposée à Dieu, disant, «ta cupidité a porté du fruit comme celui-là!» d'innombrables fruits noirs pendus au plafond tombent un par un, et chaque fruit se révèle être la tête terrifiante de l'un de ceux qui l'ont suivi dans sa confrontation avec Dieu. Les têtes hideuses se balancent sur le corps de l'âme comme un arbre portant d'abondants fruits. Même les os intérieurs sont grignotés par des insectes ou sont déchirés par des bêtes, cela ne semblerait pas si douloureusement agonisant si les parties de tout le corps n'étaient pas de manière virulente mordues par leurs dents acérées.

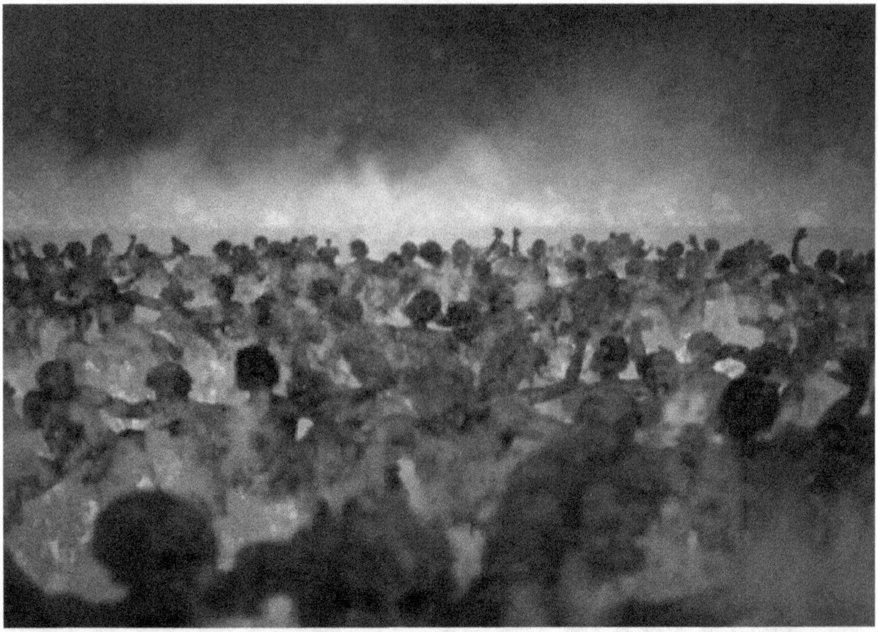

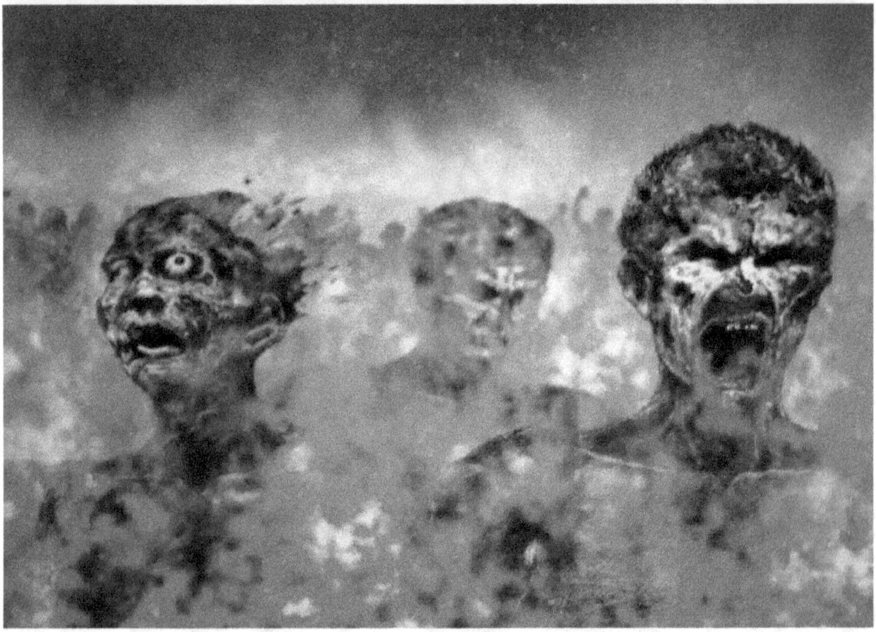

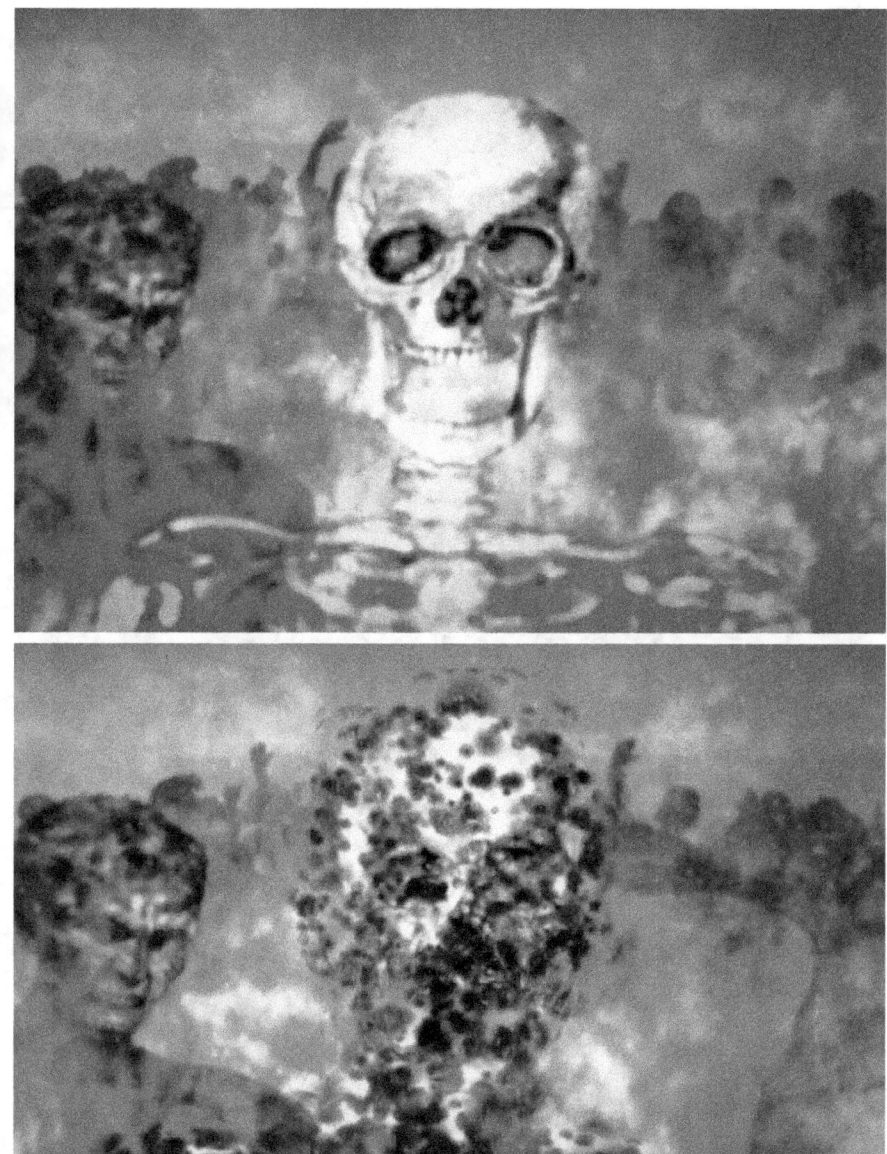

En Enfer, les âmes qui sont précipitées dans l'étang de feu sautent sans cesse à cause de l'extrême douleur et elles hurlent de douleur si fort qu'elles deviennent étourdies. Leurs yeux brillants deviennent bleu foncé et injectés de sang. Leurs cerveaux éclatent et des liquides en sortent. Elles se marchent les unes sur les autres en essayant de se repousser et d'échapper, mais c'est inutile.

Les âmes qui sont précipitées dans l'étang de soufre brûlant sont complètement submergées dans le liquide bouillant de soufre brûlant. Supposez que quelqu'un doit boire un liquide qui est du fer fondu dans une fournaise ardente, combien cela serait-il douloureux? Ses organes internes seront brûlés lorsque la chaleur capable de faire fondre le fer solide en liquide entre dans sa gorge et descend dans son estomac.

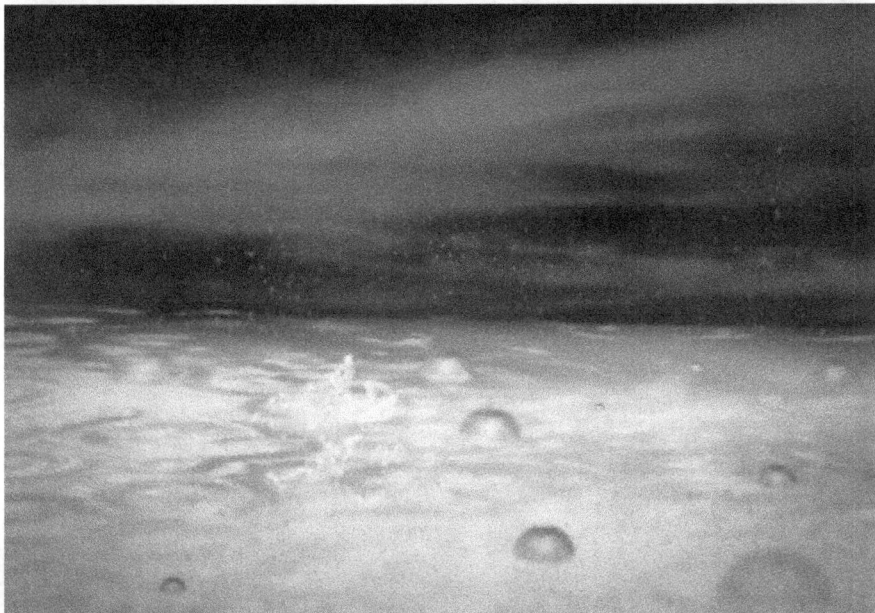

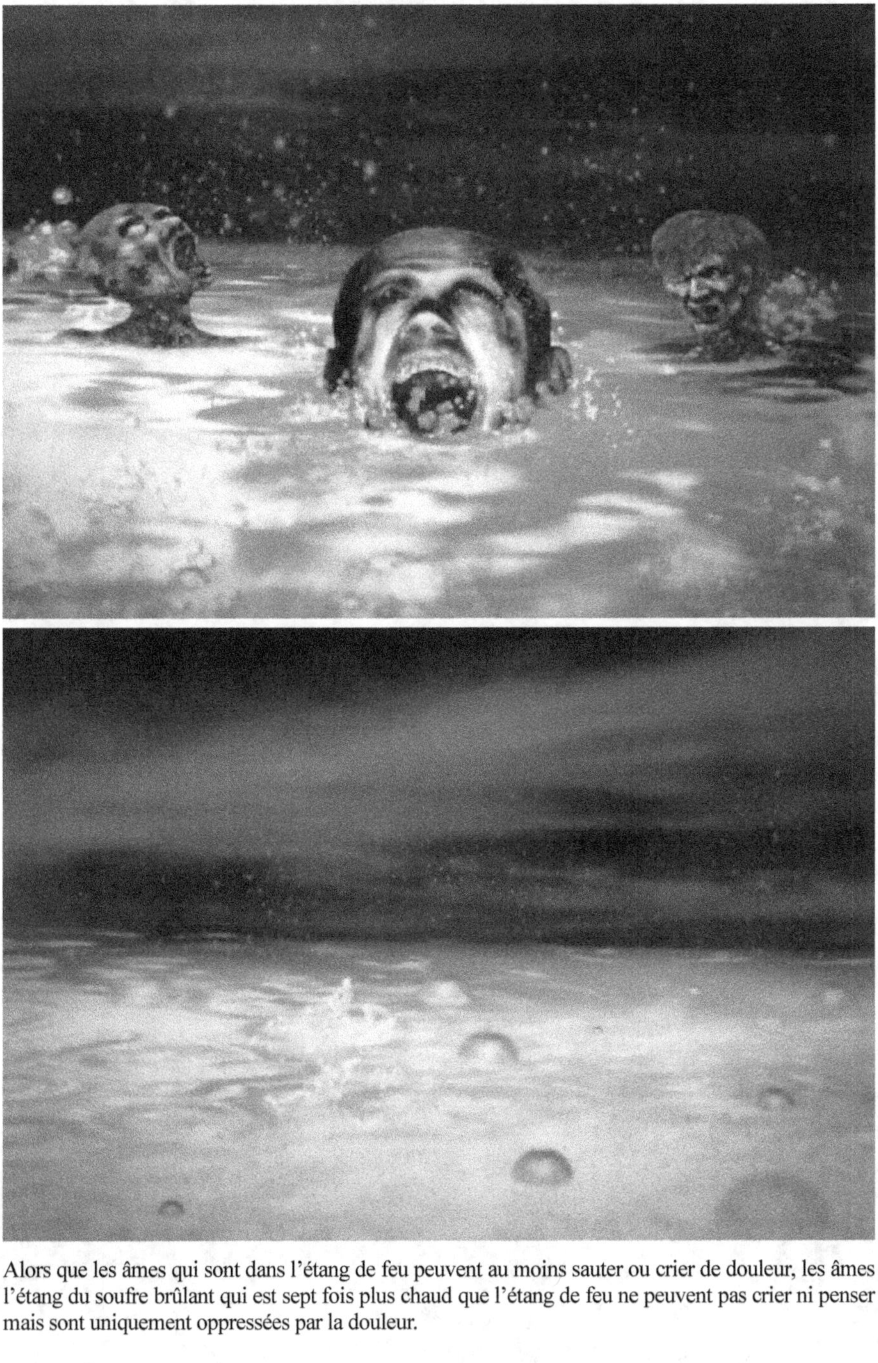

Alors que les âmes qui sont dans l'étang de feu peuvent au moins sauter ou crier de douleur, les âmes l'étang du soufre brûlant qui est sept fois plus chaud que l'étang de feu ne peuvent pas crier ni penser mais sont uniquement oppressées par la douleur.

Le pauvre mourut, et il fut porté par les
anges dans le sein d'Abraham.
Le riche mourut aussi, et il fut enseveli.
Dans le séjour des morts, il leva les yeux;
et, tandis qu'il était en proie aux tourments,
il vit de loin Abraham, et Lazare dans son sein.
Il s'écria: Père Abraham, aie pitié de moi, et envoie Lazare,
pour qu'il trempe le bout de son doigt dans l'eau et me
rafraîchisse la langue; car je souffre cruellement dans cette flamme.
Abraham répondit: Mon enfant, souviens-toi que tu as reçu
tes biens pendant ta vie, et que Lazare a eu les maux pendant
la sienne; maintenant il est ici consolé, et toi, tu souffres.

D'ailleurs, il y a entre nous et vous un grand abîme,
afin que ceux qui voudraient passer d'ici vers vous,
ou de là vers nous, ne puissent le faire.
Le riche dit: Je te prie donc, père Abraham,
d'envoyer Lazare dans la maison de mon père; car j'ai cinq frères.
C'est pour qu'il leur atteste ces choses,
afin qu'ils ne viennent pas aussi dans ce lieu de tourments.

Abraham répondit: Ils ont Moïse et les prophètes; qu'ils les écoutent.
Et il dit: Non, père Abraham, mais si quelqu'un
des morts va vers eux, ils se repentiront.
Et Abraham lui dit: S'ils n'écoutent pas Moïse et les prophètes,
ils ne se laisseront pas persuader quand même quelqu'un
des morts ressusciterait.

———

Luc 16:22-31

ENfeR

ENFER

Dr. Jaerock Lee

ENFER par Dr. Jaerock Lee
Publié par les Éditions Urim (Représentant: Vin Seongkeon)
235-3, Guro-dong 3, Guro-gu, Séoul, Corée
www.urimbooks.com

Tous droits réservés. Ce livre en tout ou en partie ne peut être reproduit sous quelque forme que ce soit, stocké dans un système d'extraction de données, ni transmis sous n'importe quelque forme, électronique, mécanique, photocopie, enregistrement ou autre, sans autorisation préalable de l'éditeur.

A moins d'une mention particulière, tous les passages bibliques proviennent de la Sainte Bible, Edition de Genève,version Louis Second Révisée 1979- Société Biblique de Genève.

Copyright © 2012 par Dr. Jaerock Lee
ISBN: 978-89-7557-598-3
Copyright de Traduction © 2005 par Dr. Esther K. Chung. Utilisé avec permission.

Auparavant, publié en 2002 en coréen par Urim Books, Séoul, Corée

Première édition Octobre 2005
Seconde édition Septembre 2010
Troisième édition Mai 2012

Edité par Geumsun Vin
Traduit en français par Rév. Dr. Guy Davidts
Conçu par le Bureau d'Edition de Urim Books
Imprimé par Yewon Printing Company
Pour plus d'informations, contactez urimbook@hotmail.com

Préface

Espérant que ce livre pourra servir en tant que pain de vie qui conduira un nombre incalculable d'âmes vers le ciel merveilleux, en leur permettant de comprendre l'amour de Dieu qui veut que tout homme reçoive le salut...

Aujourd'hui, lorsque les gens entendent parler du ciel et de l'enfer, la plupart d'entre eux répondent négativement, en disant, «Comment puis-je croire en de telles choses dans une époque de civilisation scientifique?» «Avez-vous déjà été au ciel ou en enfer?» ou «vous ne connaissez ces choses qu'après votre mort.»

Vous devez savoir anticipativement qu'il y a une vie après la mort. Il serait trop tard après que vous ayez rendu votre dernier soupir dans ce monde. Après le dernier soupir dans ce monde, vous n'aurez plus jamais une autre chance de vivre une vie. Seul le Jugement de Dieu vous attend, où vous récolterez ce que vous avez semé dans ce monde.

Dans la Bible, Dieu nous a déjà révélé la voie du salut,

l'existence du ciel et de l'enfer, et le Jugement qui aura lieu en accord avec la Parole de Dieu. Il a manifesté des œuvres miraculeuses de Sa puissance au travers de nombreux prophètes de l'Ancien Testament et de Jésus.

Même aujourd'hui, Dieu vous montre qu'Il est vivant et que la Bible est vraie, en manifestant les miracles, les signes et d'autres merveilleuses œuvres de Sa puissance, relatées dans la Bible, au travers de Ses serviteurs loyaux et fidèles. Cependant, malgré l'abondante évidence de Ses œuvres, il y a des incroyants. Dieu a donc montré à Ses enfants le ciel et l'enfer, et Il les a encouragé à témoigner partout dans le monde, de ce qu'ils ont vu.

Le Dieu d'amour m'a aussi révélé le ciel et l'enfer en détail, et il m'a recommandé de proclamer ce message partout dans le globe, parce que le Second Avènement du Christ est très proche.

Lorsque j'ai délivré des messages sur les scènes misérables et révoltantes de l'Hadès(Séjour des morts), qui appartient à l'enfer, j'ai vu beaucoup de membres de ma congrégation trembler de détresse et éclater en sanglots pour les âmes qui sont tombées dans les terribles et cruelles punitions de l'Hadès.

Les âmes non sauvées demeurent dans l'Hadès uniquement jusqu'au Jugement du Grand Trône Blanc. Après ce Jugement, les âmes non sauvées tomberont soit dans l'étang de feu, soit dans l'étang de soufre brûlant. Les punitions dans l'étang de feu et l'étang de soufre brûlant sont beaucoup plus pénibles que celles de l'Hadès.

J'écris ce que Dieu m'a révélé par l'œuvre du Saint-Esprit, basé sur la Parole de Dieu dans la Bible. Ce livre peut être appelé un message de l'amour sincère de Dieu le Père qui veut sauver autant de personnes que possible du péché, en leur faisant connaître anticipativement la misère sans fin de l'enfer.

Dieu a donné Son propre Fils afin qu'Il meure sur une croix pour sauver tous les hommes. Il veut aussi empêcher qu'une seule âme ne tombe dans l'enfer misérable. Dieu considère qu'une seule âme a plus de valeur que le monde entier, et Il est donc extrêmement réjoui et heureux lorsqu'une seule âme est sauvée par la foi, et Il le fête avec l'armée céleste et les anges.

Je donne toute gloire et remerciements à Dieu qui m'a conduit à publier ce livre. J'espère que vous arriverez à comprendre le cœur de Dieu qui ne veut pas perdre une seule âme en enfer, et que vous atteindrez la vraie foi. De plus, je vous incite à prêcher l'évangile avec empressement à toutes les âmes qui courent vers l'enfer.

Je remercie également «Urim Books» et son personnel, parmi lequel, Geumsun Vin, Directrice du Bureau d'Edition. J'espère que tous les lecteurs réaliseront le fait qu'il existe vraiment une vie éternelle après la mort, ainsi qu'un Jugement, et qu'ils reçoivent le salut parfait.

Je vous bénis au Nom du Seigneur.

Jaerock Lee

Introduction

En priant pour que d'innombrables âmes puissent comprendre la misère de l'enfer, se repentent, reviennent de la voie de la mort, et soient sauvées...

Le Saint-Esprit a inspiré le Révérend Dr. Jaerock Lee, Pasteur Principal de l'Eglise Centrale de Sanctification Manmin, afin qu'il apprenne au sujet de la vie après la mort, et du misérable enfer. Nous avons compilé ses messages et aujourd'hui publié Enfer, afin qu'un nombre incalculable d'âmes puissent connaître l'enfer avec clarté et précision. Je donne toute gloire et remerciements à Dieu.

Beaucoup de gens aujourd'hui sont curieux à propos de la vie après la mort. Mais il est impossible pour nous de recevoir des réponses au moyen de nos capacités limitées. Ce livre est un rapport vivant et compréhensif de l'enfer, qui nous a partiellement été révélé dans la Bible. Enfer contient neuf chapitres.

ENFER

Chapitre 1 «Y a-t-il vraiment le ciel et l'enfer?» donne un portrait de la structure générale du ciel et de l'enfer. Au travers de la parabole de l'homme riche et du mendiant Lazare dans Luc 16, le Tombeau Supérieur – où les âmes sauvées de l'Ancien Testament ont attendu – et l'Hadès – où les âmes non sauvées sont tourmentées jusqu'au grand Jugement – sont expliqués.

Chapitre 2 «Le salut pour ceux qui n'ont jamais entendu l'évangile» Le jugement de la conscience y est discuté. Des critères spécifiques du jugement pour de nombreux cas sont également décrits : les fœtus morts de l'avortement ou des fausses couches, les enfants de la naissance à l'âge de cinq ans, et les enfants de l'âge de six ans jusqu'à la puberté.

Chapitre 3 «L'Hadès et l'identité des messagers de l'enfer» parle du lieu d'attente de l'Hadès. Les gens après la mort, restent dans un lieu d'attente en Hadès pendant trois jours, et puis sont envoyés vers différents endroits de l'Hadès, selon la gravité de leurs péchés, et y sont cruellement tourmentés jusqu'au Jugement du Grand Trône Blanc. L'identité des esprits impurs qui gouvernent l'Hadès est également expliquée.

Chapitre 4 «Punitions en Hadès pour les enfants non sauvés» témoigne que même certains enfants immatures, qui sont

Introduction

incapables de reconnaître le bien et le mal, ne reçoivent pas leur salut. Différentes sortes de punitions infligées aux enfants sont cataloguées selon le groupe d'âge : punitions pour fœtus, et nourrissons, les tout-petits, les enfants de trois à cinq ans, les enfants de six à douze ans.

Chapitre 5 «Punition pour les gens qui meurent après la puberté» explique le châtiment infligé aux personnes plus âgées que l'adolescence. Les punitions pour quiconque a plus de treize ans environ sont divisées en quatre catégories en relation avec la gravité de leurs péchés. Au plus grave est leur péché, au plus sévère la punition.

Chapitre 6 «Punitions pour le blasphème contre le Saint Esprit» rappelle aux lecteurs que conformément à la Bible, il y a certains péchés impardonnables desquels on ne peut pas se repentir. Le chapitre décrit aussi différents types de punitions au travers d'exemples détaillés.

Chapitre 7 «Le salut pendant la grande tribulation» nous prévient que nous vivons dans la fin des temps et l'Avènement du Seigneur est très proche. Ce chapitre explique en détail ce qui se passera au moment de l'avènement de Christ, et que les gens qui resteront pendant la tribulation pourront uniquement recevoir leur salut au travers du martyre. Il vous incite aussi à vous préparer comme une belle épouse du Seigneur Jésus, afin que vous participiez au banquet des noces de sept ans, et à empêcher que vous soyez laissés après l'enlèvement.

Chapitre 8 «Punitions en enfer après le Grand Jugement» parle du jugement à la fin du Millenium, comment les âmes non sauvées seront transférées de l'Hadès vers l'enfer, les différentes punitions qui leur seront infligées, et le destin des esprits impurs, aussi bien que leur châtiment.

Chapitre 9 «Pourquoi le Dieu d'amour a-t-il dû créer l'enfer?» explique l'amour abondant et débordant de Dieu, qui a été manifesté au travers du sacrifice de Son Fils unique. Ce chapitre final explique en détail pourquoi ce Dieu d'amour a dû créer l'enfer.

Enfer, vous encourage aussi à comprendre l'amour de Dieu qui veut que toutes les âmes reçoivent le salut et restent fermes dans la foi. Enfer se termine en vous incitant à conduire autant d'âmes que possible sur la voie du salut.

Dieu est plein de miséricorde et de compassion et Il est l'amour même. Aujourd'hui, avec le cœur d'un père qui attend que son fils prodigue revienne, Dieu attend sérieusement que toutes les âmes perdues se débarrassent de leurs péchés et reçoivent le salut.

Pour cela, j'espère sérieusement qu'un nombre incalculable d'âmes dans le monde comprendront et réaliseront que cet enfer misérable existe vraiment, et reviennent vite à Dieu. Je prie également au Nom de Jésus-Christ que tous les croyants dans le Seigneur se tiennent fermes et alertes, et amènent autant de gens que possible vers le ciel.

__Geumsun Vin__
Directrice du Bureau d'Edition

TABLE DES MATIÈRES

PRÉFACE

INTRODUCTION

Chapitre 1 –

Y a-t-il vraiment le ciel et l'enfer? • 1

Le ciel et l'enfer existent sûrement
La parabole de l'homme riche et du mendiant Lazare
La structure du ciel et de l'enfer
Le Tombeau Supérieur et le Paradis
L'Hadès, un lieu d'attente en route vers l'enfer

Chapitre 2 –

Le salut pour ceux qui n'ont jamais entendu l'évangile • 25

Le jugement de la conscience
Bébés jamais nés à cause de l'avortement ou des fausses couches
Les enfants de la naissance à l'âge de cinq ans
Les enfants de l'âge de six ans jusqu'à la puberté
Adam et Eve étaient-ils sauvés?
Qu'est-il arrivé au premier meurtrier Caïn?

Chapitre 3 –

L'Hadès et l'identité des messagers de l'enfer • 59

Les messagers de l'enfer conduisent les gens vers l'Hadès
Un lieu d'attente vers le monde des esprits impurs
Différentes punitions en Hadès pour différents péchés
Lucifer en charge de l'Hadès
L'identité des messagers de l'enfer

Chapitre 4 –

Punitions en Hadès pour les enfants non sauvés • 77

Fœtus et nourrissons
Les tout petits
Les enfants en âge de marcher et parler
Les enfants de six à douze ans
Les jeunes qui ont conspué le prophète Elisée

Chapitre 5 –

Punition pour les gens qui meurent après la puberté • 95

Le premier niveau de punition
Le second niveau de punition
La punition de Pharaon
Le troisième niveau de punition
La punition de Ponce Pilate
La punition de Saül, le premier Roi d'Israël
Le quatrième niveau de punition pour Judas Iscariote

Chapitre 6 –

Punitions pour le blasphème contre le Saint-Esprit • 143

Souffrir dans un chaudron de liquide bouillant
Gravissant une falaise perpendiculaire
La bouche brûlée au fer rouge
Les machines de torture terriblement grandes
Lié au tronc d'un arbre

Chapitre 7 –

Le salut pendant la grande tribulation • 175

L'Avènement de Christ et l'Enlèvement
Les sept années de la grande tribulation
Le martyre pendant la grande tribulation
Le Second Avènement du Christ et le Millénium
Se préparant à devenir la belle épouse du Seigneur

Chapitre 8 –

Punitions en enfer après le Grand Jugement • 201

Les âmes non sauvées tombent en enfer après le Jugement
L'étang de feu et l'étang de soufre brûlant
Certains restent en Hadès même après le Jugement
Les esprits impurs confinés dans l'Abîme
Où les démons finiront-ils ?

Chapitre 9 –

Pourquoi le Dieu d'amour a-t-il dû créer l'enfer ? • 239

La patience et l'amour de Dieu
Pourquoi le Dieu d'amour a-t-il dû créer l'enfer ?
Dieu veut que tous les hommes reçoivent le salut
Prêchez l'évangile avec assurance

Chapitre 1

Y a-t-il vraiment le ciel et l'enfer?

Le ciel et l'enfer existent sûrement

La parabole de l'homme riche et du mendiant Lazare

La structure du ciel et de l'enfer

Le Tombeau Supérieur et le Paradis

L'Hadès, un lieu d'attente en route vers l'enfer

Jésus leur répondit: Parce qu'il vous a été donné de connaître les mystères du royaume des cieux, et que cela ne leur a pas été donné.
- Matthieu 13:11 -

Et si ton oeil est pour toi une occasion de chute, arrache-le; mieux vaut pour toi entrer dans le royaume de Dieu n'ayant qu'un oeil, que d'avoir deux yeux et d'être jeté dans la géhenne
- Marc 9:47 -

Y a-t-il vraiment le ciel et l'enfer?

La plupart des gens autour de nous ont peur de la mort et vivent dans la peur et l'angoisse de perdre leur vie. Malgré cela, ils ne cherchent pas Dieu parce qu'ils ne croient pas en la vie après la mort. De plus, beaucoup de gens qui confessent leur foi en Christ, semblent aussi échouer dans leur vie de foi. A cause de leur folie, les gens doutent et ne croient pas dans la vie après la mort, malgré le fait que Dieu nous a déjà révélé la vie après la mort, le ciel et l'enfer dans la Bible.

La vie après la mort est un monde spirituel invisible. Donc, les gens ne peuvent le saisir, à moins que Dieu ne le leur permette. Comme cela est répété à de nombreuses reprises dans la Bible, le ciel et l'enfer existent sûrement. C'est pourquoi Dieu montre le ciel et l'enfer à de nombreuses personnes dans le monde entier, et leur laisse l'occasion de le proclamer à toutes les extrémités de la terre.

«Le ciel et l'enfer existent certainement.»

«Le ciel est un endroit merveilleux et fascinant, tandis que l'enfer est un endroit morne et misérable, au-delà de toute imagination. Je vous incite instamment à croire en l'existence de la vie après la mort.»

«Cela dépend de vous que vous alliez au ciel ou en enfer. Afin de ne pas tomber en enfer, vous devez vous repentir immédiatement de tous vos péchés et accepter Jésus-Christ.»

«Sûrement l'enfer existe. C'est là que les gens souffrent dans le feu éternellement. Il est aussi vrai que le ciel existe. Le ciel peut être votre domicile permanent.»

Le Dieu d'amour m'a expliqué le ciel depuis Mai 1984. Il a aussi commencé à m'expliquer l'enfer depuis Mars 2000. Il m'a demandé de propager ce que j'avais appris au sujet du ciel et de l'enfer partout dans le monde afin que pas un seul ne soit puni dans l'étang de feu ou l'étang de soufre brûlant.

Un jour, Dieu m'a montré une âme qui souffrait et se lamentait avec des remords dans l'Hadès, là où tous ceux destinés à l'enfer attendent dans l'agonie. L'âme a refusé d'accepter le Seigneur, malgré de nombreuses opportunités d'entendre l'évangile, et est tombée en enfer après la mort. Voici sa confession :

Je compte les jours
Je compte, compte et recompte mais ils sont sans fin.
J'aurais dû essayer d'accepter Jésus-Christ quand ils m'ont parlé de lui.
Que ferais-je maintenant?

C'est absolument inutile, même si j'ai du remord maintenant.
Je ne sais pas quoi faire maintenant.
Je veux échapper à cette souffrance, mais je ne sais pas quoi faire.

Je compte un jour, deux jours, et trois jours.
Mais, même si je compte les jours ainsi, je sais maintenant que c'est inutile.

Mon cœur se déchire.
Que ferais-je? Que ferais-je?
Comment puis-je être libéré de cette grande douleur?
Que ferais-je, oh ma pauvre âme?
Comment puis-je le supporter?

Le ciel et l'enfer existent sûrement

Hébreux 9 :27 dit que *«Et comme il est réservé aux hommes de mourir une seule fois, après quoi vient le jugement»*. Tous les hommes et femmes sont destinés à mourir, et après avoir rendu leur dernier soupir, ils entrent soit au ciel, soit en enfer après le jugement.

Dieu veut que tous entrent au ciel, parce qu'Il est amour. Dieu a préparé Jésus-Christ avant le commencement des temps et a ouvert la porte pour le salut du genre humain quand le temps était venu. Dieu ne veut pas qu'une seule âme entre en enfer.

Romains 5 :7-8 proclame que *«A peine mourrait-on pour un juste ; quelqu'un peut-être mourrait-il pour un homme de bien. Mais Dieu prouve son amour envers nous, en ce que, lorsque nous étions encore des pécheurs, Christ est mort pour nous.»* En effet, Dieu a démontré Son amour pour nous en donnant généreusement son Fils unique.

La porte du salut est grandement ouverte afin que quiconque accepte Jésus-Christ comme son Sauveur personnel, soit sauvé et entre dans le ciel. Cependant, de nombreuses personnes n'ont aucun intérêt dans le ciel et l'enfer, malgré le fait qu'ils en entendent parler. De plus certains d'entre eux persécutent même ceux qui prêchent l'évangile.

Le fait le plus triste est que des gens qui prétendent croire en Dieu, aiment encore le monde et commettent le péché parce qu'ils n'ont actuellement pas d'espérance pour le ciel et aucune crainte de l'enfer.

Au travers des témoignages de gens et la Bible

Le ciel et la terre sont dans le monde spirituel qui existe vraiment. La Bible mentionne à de nombreuses reprises l'existence du ciel et de l'enfer. Ceux qui ont été au ciel ou en enfer témoignent également. Par exemple, dans la Bible, Dieu nous montre combien misérable est l'enfer, afin que nous puissions obtenir une vie éternelle au ciel, plutôt que de tomber en enfer après la mort.

> *Si ta main est pour toi une occasion de chute, coupe-la ; mieux vaut pour toi entrer manchot dans la vie, que d'avoir les deux mains et d'entrer dans la géhenne, dans le feu qui ne s'éteint point. Si ton pied est pour toi une occasion de chute, coupe-le ; mieux vaut pour toi entrer boiteux dans la vie, que d'avoir les deux pieds et d'être jeté dans la géhenne, dans le feu qui ne s'éteint point. Et si ton œil est pour toi une occasion de chute, arrache-le ; mieux vaut pour toi entrer dans le royaume de Dieu n'ayant qu'un œil,*

que d'avoir deux yeux et d'être jeté dans la géhenne, où le ver ne meurt point, et où le feu ne s'éteint point. Car tout homme sera salé de feu. (Marc 9 :43-49)

Ceux qui ont été en enfer témoignent de ce que parle la Bible. En enfer, le ver ne meurt pas et le feu ne s'éteint point. Tout homme est salé de feu.

Il est clair comme le cristal qu'il y a le ciel et l'enfer après la mort comme cela est écrit dans la Bible. Pour cela, vous devez accéder au ciel en vivant selon la Parole de Dieu, en croyant dans votre intelligence à l'existence du ciel et de l'enfer.

Vous ne devez pas vous lamenter dans le remords, comme l'âme mentionnée plus haut, souffrant sans fin dans l'Hadès, parce qu'elle a refusé d'accepter le Seigneur, malgré de multiples opportunités d'entendre l'évangile.

Dans Jean 14 :11-12, Jésus nous dit *«Croyez-moi, Je suis dans le Père et le Père est en Moi ; croyez du moins à cause de ces œuvres. En vérité, en vérité Je vous le dit, celui qui croit en moi fera aussi les œuvres que Je fais, et il en fera de plus grandes, parce que Je m'en vais au Père»*.

Vous pouvez reconnaître une certaine personne en tant qu'homme de Dieu quand des œuvres puissantes, au-delà de la capacité humaine l'accompagnent, et vous pouvez également confirmer que son message est en accord avec la véritable Parole de Dieu.

Je partage Jésus-Christ accomplissant les œuvres de puissance du Dieu vivant pendant que je tiens des croisades partout dans le monde. Lorsque je prie au Nom de Jésus-Christ, un nombre considérable de personnes croient et reçoivent leur salut parce que d'étonnantes œuvres de puissance se produisent : les aveugles voient, les muets parlent, les paralytiques se lèvent, les morts ressuscitent et ainsi de suite.

De cette manière, Dieu a manifesté ses œuvres puissantes au travers de moi. Il m'a aussi expliqué le ciel et l'enfer en détail, et m'a permis de les proclamer partout dans le monde, afin qu'autant de personnes que possible soient sauvées.

Aujourd'hui, beaucoup de gens sont curieux à propos de la vie après la mort – le monde spirituel – mais il est impossible de clairement percevoir le monde spirituel uniquement par des efforts humains seulement. Vous pouvez apprendre partiellement au travers de la Bible. Cependant vous ne pouvez obtenir un discernement clair que lorsque Dieu vous l'explique, tandis que vous êtes pleinement inspirés par le Saint Esprit qui sonde toutes choses, même les profondeurs de Dieu (1 Corinthiens 2 :10).

J'espère que vous croirez entièrement à ma description de l'enfer, basée sur les versets de la Bible parce que Dieu Lui-même me l'a expliquée alors que j'étais pleinement sous l'inspiration du Saint Esprit.

Pourquoi proclamer le Jugement de Dieu et la punition de l'enfer?

Lorsque je délivre des messages sur l'enfer, ceux qui ont la foi et qui sont remplis du Saint Esprit les écoutent sans peur.

Cependant, il y a ceux qui ont le visage crispé par la tension, et leur réponse habituelle « Amen » ou « Oui » disparaît petit à petit pendant la prédication.

Pire, les gens qui ont une foi faible arrêtent de venir aux cultes d'adoration, et quittent même l'église avec peur, au lieu de réaffirmer leur foi et d'espérer entrer au ciel.

Cependant, il faut que j'explique l'enfer parce que je connais le cœur de Dieu. Dieu est tellement anxieux de voir les âmes courir vers l'enfer, continuant à vivre dans les ténèbres, et vivant en compromission avec le standard de vie du monde, et ce malgré que certains confessent leur foi en Jésus-Christ.

Pour cela, je vais expliquer l'enfer en détail, afin que les enfants de Dieu puissent vivre dans la lumière, abandonnant les ténèbres. Dieu veut que Ses enfants se repentent et entrent dans le ciel, malgré le fait qu'ils aient peur et se sentent inconfortables lorsqu'ils entendent parler du Jugement de Dieu et de la punition de l'enfer.

La parabole de l'homme riche et du mendiant Lazare

Dans Luc 16 :19-31, l'homme riche et le mendiant Lazare vont tous deux à la tombe après leur mort. Les situations, les conditions et les endroits où chacun des hommes devait résider étaient cependant drastiquement différents.

L'homme riche était dans un grand tourment dans le feu, tandis que Lazare était dans le sein d'Abraham loin de lui, au-delà d'un grand abîme. Pourquoi?

Dans les temps de l'Ancien Testament, le Jugement de Dieu était appliqué selon la loi de Moïse. D'une part, l'homme riche a reçu la punition du feu parce qu'il n'a pas cru en Dieu, malgré qu'il ait vécu dans un grand luxe dans ce monde. D'autre part, le mendiant Lazare a pu jouir du repos éternel, parce qu'il a cru en Dieu, malgré qu'il était couvert de douleurs, et espérait manger ce qui tombait de la table de l'homme riche.

La vie après la mort déterminée par le Jugement de Dieu

Dans l'Ancien Testament, nous trouvons nos ancêtres de la foi, y compris Jacob et Job, proclamer qu'ils iraient à la tombe après leur mort (Genèse 37 :35 ; Job 7 :9). Koré et tous les hommes qui s'étaient levés contre Moïse descendirent vivants dans le séjour des morts, par la colère de Dieu (Nombres 16 :33).

Le tombeau est divisé en deux parties : le Tombeau Supérieur appartenant au ciel et l'Hadès appartenant à l'enfer.

Donc vous savez que les ancêtres de la foi tels que Jacob et Job et le mendiant Lazare sont entrés dans le Tombeau Supérieur, appartenant au ciel, tandis que Koré et l'homme riche sont entrés dans l'Hadès, appartenant à l'enfer.

Pareillement, il y a sûrement une vie après la mort et tous les hommes et les femmes sont destinés à aller au ciel ou en enfer selon le Jugement de Dieu. Je vous conseille vivement de croire en Dieu afin que vous soyez sauvés de l'enfer.

La structure du ciel et de l'enfer

La Bible utilise différents noms pour mentionner le ciel ou l'enfer. En fait, vous reconnaissez que le ciel et l'enfer ne se trouvent pas au même endroit. En d'autres termes, le ciel est mentionné comme «Tombeau Supérieur», «Paradis» ou «Nouvelle Jérusalem». La raison en est que le ciel, la résidence des âmes sauvées est réparti et divisé en de nombreux endroits différents.

Comme je vous l'ai déjà expliqué dans les messages *«La Mesure de Foi»* et *«Le Ciel I et II»*, vous pouvez vivre plus près du trône de Dieu dans la Nouvelle Jérusalem, dans la mesure où vous récupérez l'image perdue de Dieu le Père. Vous pouvez alternativement entrer dans le Troisième Royaume du Ciel, le Second Royaume du Ciel ou le Premier Royaume du Ciel, selon la mesure de votre foi. Ceux qui sont sauvés de justesse, entreront au Paradis.

La résidence des âmes non sauvées ou des esprits impurs est mentionnée comme «Hadès», «L'étang de feu», «L'étang de soufre brûlant» ou «Abîme, (le puits sans fond)». De même que le ciel est composé de nombreux endroits, l'enfer est aussi réparti en de nombreux endroits, parce que la résidence de chaque âme diffère de celle d'une autre, selon la mesure de ses mauvaises oeuvres dans ce monde.

La structure du ciel et de l'enfer

Imaginez la forme d'un diamant (◇) pour mieux comprendre

ENFER

la structure du ciel et de l'enfer. Si cette forme est divisée en deux, il y a un triangle (△) et un triangle renversé (▽). Supposons que le triangle supérieur représente le ciel, et le triangle renversé représente l'enfer.

La partie la plus élevée du triangle supérieur, correspond à la Nouvelle Jérusalem, tandis que la partie inférieure représente le Tombeau Supérieur. En d'autres termes, au dessus du Tombeau Supérieur, sont le Paradis, le Premier Royaume, le Second Royaume, le Troisième Royaume et la Nouvelle Jérusalem. Cependant, vous ne devez pas penser aux différents Royaumes comme le premier, second ou troisième étage d'un bâtiment de ce monde.

Dans le monde spirituel, il est impossible de tracer une ligne pour séparer un pays, tel que nous le faisons dans ce monde, et d'en détailler la forme. Je ne fais que l'expliquer de cette manière, afin de permettre à des gens de chair de comprendre plus clairement le ciel et l'enfer.

Dans le triangle supérieur, le sommet correspond à la Nouvelle Jérusalem, tandis que la partie inférieure correspond au Tombeau Supérieur. En d'autres mots, au plus vous montez dans le triangle, au meilleur sera le Royaume que vous trouvez.

Dans l'autre figure, le triangle renversé, la partie supérieure, la plus large correspond à l'Hadès. Au plus vous vous rapprochez de la base, au plus vous descendez dans l'enfer. L'Abîme mentionné dans le livre de Luc et dans Apocalypse se réfère aux profondeurs de l'enfer.

Dans le triangle supérieur, l'endroit devient plus étroit, alors que vous allez de la base vers le sommet – du Paradis à la Nouvelle Jérusalem. Cette forme vous montre que le nombre de personnes qui entreront dans la Nouvelle Jérusalem est relativement limité comparé au nombre de gens qui entreront dans le Paradis, le Premier ou le Second Royaume du ciel. C'est parce que seuls ceux qui accompliront la sanctification et la perfection au travers de la sanctification de leur cœur, suivant le cœur de Dieu le Père, pourront entrer dans la Nouvelle Jérusalem.

Comme vous pouvez le voir dans le triangle renversé moins de gens iront comparativement dans la partie la plus basse de l'enfer, car seuls ceux dont la conscience a été marquée et qui ont commis les pires mauvaises œuvres seront jetés à cet endroit. Un plus grand nombre de gens qui ont commis des péchés relativement plus légers iront dans la partie supérieure plus large de l'enfer.

Donc on peut imaginer le ciel et l'enfer sous la forme d'un diamant. Cependant, vous ne devez pas conclure que le ciel se présente sous la forme d'un triangle ou que l'enfer se présente sous la forme d'un triangle renversé.

Un grand abîme entre le ciel et l'enfer

Il y a un grand abîme entre le triangle supérieur – ciel – et le triangle renversé – enfer. Le ciel et l'enfer ne sont pas adjacents, mais sont distants au-delà de toute mesure.

Dieu a placé une frontière si claire, afin que les âmes au ciel et en enfer ne puissent voyager et faire de l'aller-retour entre le ciel et l'enfer. Uniquement pour un cas très spécial autorisé par Dieu, il est possible de se voir et de se parler comme l'homme riche a parlé avec Abraham.

Entre les deux triangles symétriques, il y a un grand abîme. Les gens ne peuvent pas aller et venir du ciel vers l'enfer, et vice versa. Cependant, si Dieu le permet, les gens du ciel et de l'enfer peuvent se voir, s'entendre et se parler en esprit malgré la distance.

Peut être pouvez-vous comprendre cela facilement, si vous vous rappelez comment nous pouvons parler à des gens situés de l'autre côté du globe au téléphone, et même les voir face à face sur des écrans via satellite, en raison de la rapide évolution de la science et de la technologie.

Malgré qu'il y ait un grand abîme entre le ciel et l'enfer, l'homme riche a pu voir Lazare se reposant dans le sein d'Abraham et parler à Abraham en esprit avec la permission de Dieu.

Le Tombeau Supérieur et le Paradis

Pour être précis, le Tombeau Supérieur ne fait pas partie du ciel mais peut être considéré comme appartenant au ciel, tandis que l'Hadès est une partie de l'enfer. Le rôle du Tombeau Supérieur a changé de l'Ancien au Nouveau Testament.

Le Tombeau Supérieur au temps de l'Ancien Testament

Au temps de l'Ancien Testament, les âmes sauvées attendaient dans le Tombeau Supérieur. Abraham, le précurseur de la foi, a pris la charge du Tombeau Supérieur, et c'est pourquoi la Bible mentionne que Lazare était dans le sein d'Abraham.

Cependant, depuis la résurrection et l'ascension du Seigneur Jésus-Christ, les âmes sauvées ne sont plus dans le sein d'Abraham, mais sont transférées au Paradis et sont aux côtés du Seigneur. C'est pourquoi Jésus a dit *«aujourd'hui tu seras avec Moi dans le Paradis»* à l'un des criminels qui s'était repenti et avait reçu Jésus comme son Sauveur pendant que Jésus était pendu à la croix (Luc 23 :43).

Jésus est-il allé directement au Paradis après Sa crucifixion? 1 Pierre 3 :19 nous dit que *«Jésus est allé prêcher aux esprits en prison»*. Sur base de ce verset, vous pouvez voir que Jésus a prêché l'évangile à toutes les âmes qui pouvaient être sauvées dans le Tombeau Supérieur. Je traiterai de cela en détail au chapitre 2.

Lorsque Jésus est ressuscité et est monté au ciel, Il a prêché l'évangile pendant trois jours dans le Tombeau Supérieur et a amené les âmes qui devaient être sauvées au Paradis. Aujourd'hui, Jésus prépare une place pour nous au ciel, comme Il l'a dit *«Je vais vous préparer une place»* (Jean 14 :2).

Le Paradis au temps du Nouveau Testament

Les âmes sauvées ne sont plus dans le Tombeau Supérieur depuis que Jésus a ouvert toute grande la porte du salut. Ils résident dans la banlieue du Paradis, le lieu d'attente du ciel jusqu'à la fin de l'histoire humaine. Et ensuite, après le Jugement du Grand Trône Blanc, chacune d'elles entrera dans sa propre place au ciel, selon la mesure de sa foi individuelle et vivra dans ce lieu pour l'éternité.

Toutes les âmes sauvées attendent au Paradis dans les temps du Nouveau Testament. Certaines personnes pourraient se demander s'il est possible pour tant de personnes de vivre au Paradis, parce qu'un nombre incalculable de personnes sont nées depuis Adam. «Pasteur Lee! Comment est-il possible pour tant de personnes de vivre au Paradis? J'ai peur qu'il n'y ait pas assez de place pour que tous ces gens vivent ensemble, même si c'est spacieux.»

Le système solaire, auquel appartient la terre est un grain de sable comparé au système galactique. Pouvez- vous imaginer combien grand est le système galactique? Cependant, le système galactique n'est qu'un grain de sable comparé à tout l'univers. Pouvez-vous alors imaginer combien grand est tout l'univers?

De plus, l'énorme univers dans lequel nous vivons n'est qu'un des innombrables univers, et l'étendue de l'univers entier est largement au-delà de notre imagination. Il est donc impossible pour vous de comprendre l'étendue des univers physiques, alors comment pourriez-vous saisir l'étendue du ciel dans le monde spirituel?

Le Paradis lui-même est très spacieux au-delà de l'imagination. Il est à une distance impossible à mesurer du niveau le plus proche, la frontière du Paradis et du Premier Royaume. Pouvez-vous imaginer maintenant combien vaste est le Paradis lui-même?

Les âmes gagnent la connaissance spirituelle au Paradis

Malgré que le Paradis soit un lieu d'attente en route vers le ciel, ce n'est pas un endroit étroit ou ennuyeux. Il est tellement beau qu'il ne peut être comparé au plus étonnant paysage de ce monde.

Les âmes en attente au Paradis acquièrent de la connaissance spirituelle de certains prophètes. Ils apprennent au sujet de Dieu et du ciel, la loi spirituelle, et d'autres connaissances spirituelles indispensables. Il n'y a pas de limite à la connaissance spirituelle. L'étude là-bas est complètement différente de celle du monde. Elle n'est ni difficile ni ennuyeuse. Au plus ils apprennent, au plus ils reçoivent de joie et de grâce.

Ceux qui sont purs et doux de cœur peuvent gagner une grande part de connaissance spirituelle au travers de la communication avec Dieu même dans ce monde. Vous pouvez aussi comprendre de nombreuses choses par l'inspiration du Saint Esprit lorsque vous voyez les choses avec vos yeux spirituels. Vous pouvez expérimenter la puissance spirituelle de Dieu même dans ce monde parce que vous pouvez comprendre les lois spirituelles par la foi, ainsi que la réponse de Dieu à vos prières dans la mesure où vous circoncisez votre cœur.

Combien êtes vous heureux et pleinement satisfaits lorsque vous apprenez les choses spirituelles et que vous les expérimentez dans ce monde ? Imaginez combien plus heureux et joyeux vous serez lorsque vous gagnerez une plus profonde connaissance spirituelle au Paradis qui appartient au ciel.

Quand donc, ces prophètes vivent-ils ? Vivent-ils au Paradis ? Non. Les âmes qualifiées pour entrer dans la Nouvelle Jérusalem n'attendent pas au Paradis mais dans la Nouvelle Jérusalem, aidant Dieu dans Ses œuvres là-bas.

Abraham s'est occupé du Tombeau Supérieur avant que Jésus ne soit crucifié. Cependant, après la résurrection et l'ascension de Jésus, Abraham est parti pour la Nouvelle Jérusalem, parce qu'il avait fini son travail dans le Tombeau Supérieur. Mais alors, où étaient Moïse et Elie pendant qu'Abraham était dans le Tombeau Supérieur ? Ils n'étaient pas au Paradis, mais étaient déjà dans la Nouvelle Jérusalem, parce qu'ils avaient été qualifiés pour entrer dans la Nouvelle Jérusalem (Matthieu 17 :1-3).

Le Tombeau Supérieur dans les temps du Nouveau Testament

Vous pouvez voir un film dans lequel l'âme d'un homme, ressemblant à son propre corps physique est séparée de son corps après la mort et suit soit des anges du ciel, soit des messagers de l'enfer. En fait, une âme sauvée est conduite au ciel par deux anges avec des robes blanches après que son âme ait été séparée de son corps au moment de sa mort. Celui qui sait et apprend ces choses, ne sera pas choqué, même si son âme quitte son corps lorsqu'il meurt. Celui qui ne connaît pas ces choses cependant, est choqué de voir une autre personne qui lui ressemble séparée de son corps.

Une âme séparée du corps physique se sentira bizarre et étrange au début. Son état est très différent du précédent parce qu'elle expérimente maintenant d'énormes changements, ayant vécu dans un monde tridimensionnel et maintenant dans un monde à quatre dimensions.

Les âmes séparées ne sentent pas le poids du corps et peuvent ressentir la tentation de voler parce que le corps se sent si léger. C'est pourquoi elles ont besoin d'un certain temps pour apprendre les choses essentielles et s'adapter au monde spirituel. C'est pourquoi les âmes sauvées dans les temps du Nouveau Testament demeurent temporairement et s'adaptent au monde spirituel dans le Tombeau Supérieur avant d'entrer dans le Paradis.

L'Hadès,
un lieu d'attente en route vers l'enfer

La partie supérieure de l'enfer est l'Hadès. Si on descend dans l'enfer, il y a l'étang de feu, l'étang de soufre brûlant, et l'Abîme, l'endroit le plus bas de l'enfer. Les âmes non sauvées, depuis le commencement des temps ne sont pas encore en enfer, mais toujours dans l'Hadès.

Beaucoup de gens affirment avoir été en enfer. Je puis vous dire qu'ils ont vu en fait, des scènes de tourment en Hadès. C'est parce que les âmes non sauvées sont confinées dans différentes parties de l'Hadès, selon la gravité de leurs péchés et du mal qu'elles ont fait, et elles seront éventuellement jetées dans l'étang de feu ou l'étang de soufre brûlant après le Jugement du Grand Trône Blanc.

Les souffrances des âmes non sauvées en Hadès

Dans Luc 16 :24, les souffrances infligées à l'homme riche non sauvé sont bien décrites. Dans son agonie, l'homme riche a demandé une goutte d'eau, disant *«Père Abraham, aie pitié de moi et envoie Lazare, pour qu'il trempe le bout de son doigt dans l'eau et rafraîchisse la langue, car je souffre cruellement dans cette flamme»*.

Comment les âmes ne seraient elles pas terrifiées et tremblantes d'une peur qui glace le sang, étant donné qu'elles sont tourmentées en permanence au milieu des cris d'agonie d'autres personnes dans le feu qui fait rage, sans même un espoir de mourir en enfer, «où le ver ne meurt point et le feu ne s'éteint point»?

Les brutaux messagers de l'enfer tourmentent les âmes dans des ténèbres noires comme dans un four, l'Hadès. L'endroit est entièrement entouré de sang et de l'horrible odeur des corps en putréfaction, et il est ainsi même difficile d'y respirer. Cependant la punition en enfer n'est pas semblable à celle dans l'Hadès.

A partir du chapitre 3, je vous décrirai en détail, avec des exemples spécifiques, combien terrifiant est l'Hadès et quelles espèces de punitions insupportables sont infligées dans l'étang de feu et l'étang de soufre brûlant.

Les âmes non sauvées sont remplies de remords dans l'Hadès

Dans Luc 16 :27-30, l'homme riche ne croyait pas dans l'existence de l'enfer, mais il s'est rendu compte de sa folie et ressentit du remords dans le feu après sa mort. L'homme riche supplia Abraham d'envoyer Lazare vers ses frères, afin qu'ils n'aillent pas en enfer.

> *Je te prie donc, Père Abraham, d'envoyer Lazare dans la maison de mon père ; car j'ai cinq frères. C'est pour qu'il leur atteste ces choses, afin qu'ils ne viennent pas aussi dans ce lieu de tourment. Abraham répondit : Ils ont Moïse et les prophètes ; qu'ils les écoutent. Et il dit : Non, père Abraham, mais si quelqu'un des morts va vers eux, ils se repentiront.*

Que dirait l'homme riche à ses frères s'il avait reçu une chance de leur parler personnellement? Il leur aurait sûrement dit. «Je sais absolument qu'il y a un enfer. S'il vous plait, soyez sûrs de vivre en conformité avec la Parole de Dieu et de ne pas venir en enfer, parce que l'enfer est un lieu horrible à faire dresser les cheveux sur la tête.»

Même dans une souffrance et une agonie sans fin, l'homme riche voulait honnêtement sauver ses frères de l'enfer, et il ne fait aucun doute qu'il avait un relativement bon cœur. Alors qu'en est il des gens aujourd'hui?

Un jour, Dieu m'a montré un couple marié qui était tourmenté en enfer parce qu'il avait abandonné Dieu et quitté l'église. En enfer, ils se blâmaient, se maudissaient et se haïssaient l'un l'autre, et ils souhaitaient qu'encore plus de douleur tombe sur l'autre.

L'homme riche voulait que ses frères soient sauvés, parce qu'il avait malgré tout, un bon cœur. Cependant vous devez retenir que l'homme riche a néanmoins été jeté en enfer. Vous devez aussi vous souvenir que vous ne pouvez acquérir le salut simplement en disant «Je crois».

L'homme est destiné à mourir et ira soit au ciel, soit en enfer après sa mort. Pour cela vous ne devez pas être stupides et devenir de vrais croyants.

Un homme sage se prépare pour la vie après la mort

Les gens sages se préparent réellement pour la vie après la mort, pendant que la plupart des gens travaillent ardûment pour gagner et bâtir l'honneur, le pouvoir, la santé, la prospérité et une longue vie dans ce monde.

Les gens sages stockent leur prospérité dans le ciel conformément à la Parole de Dieu, parce qu'ils savent parfaitement bien qu'ils ne pourront rien emporter dans leur tombe.

Vous avez peut être entendu le témoignage de certaines personnes qui n'ont pas pu trouver leur propre maison pendant qu'ils visitaient le ciel, alors qu'ils étaient supposés croire en Dieu et avaient donné leur vie à Jésus. Vous pouvez posséder une grande et magnifique maison dans le ciel si vous stockez avec diligence votre prix dans le ciel avec foi, vous préparant vous-mêmes en tant qu'épouse du Seigneur qui revient bientôt.

Dès qu'un homme meurt, il ne peut revivre sa vie à nouveau. Ayez donc la foi, et sachez qu'il y a un ciel et un enfer. De plus, sachant que les âmes non sauvées sont dans le tourment en enfer, vous devriez proclamer le ciel et l'enfer à tous ceux que vous rencontrez dans cette vie. Imaginez combien Dieu se réjouira de vous!

Ceux qui proclament l'amour de Dieu, qui veulent conduire tous les hommes sur la voie du salut, seront bénis dans cette vie et ils brilleront comme le soleil dans le ciel également.

J'espère que vous croirez dans le Dieu vivant qui vous juge et vous récompense, et que vous essayerez de devenir un véritable enfant de Dieu. Je bénis, au Nom du Seigneur, le fait que vous ramènerez autant d'âmes que possible vers Dieu et le salut, et que vous réjouirez votre Dieu.

Chapitre 2

Le salut pour ceux qui n'ont jamais entendu l'évangile

Le jugement de la conscience

Bébés jamais nés à cause de l'avortement ou des fausses couches

Les enfants de la naissance à l'âge de cinq ans

Les enfants de l'âge de six ans jusqu'à la puberté

Adam et Eve étaient-ils sauvés?

Qu'est-il arrivé au premier meurtrier Caïn?

Quand les païens, qui n'ont point la loi,
font naturellement ce que prescrit la loi, ils sont,
eux qui n'ont point la loi, une loi pour eux-mêmes;
ils montrent que l'oeuvre de la loi est écrite dans leurs
coeurs, leur conscience en rendant témoignage, et
leurs pensées s'accusant ou se défendant tour à tour.
- Romains 2:14-15 -

L'Éternel lui dit: Si quelqu'un tuait Caïn, Caïn serait
vengé sept fois. Et l'Éternel mit un signe sur Caïn
pour que quiconque le trouverait ne le tuât point.
- Genèse 4:15 -

Dieu a prouvé Son amour pour nous en donnant Son Fils unique Jésus-Christ, afin qu'Il soit crucifié pour le salut de tous les hommes.

Les parents aiment leurs petits enfants, mais ils désirent que leurs enfants deviennent suffisamment mûrs pour comprendre leur cœur et partager leurs joies et leurs peines.

De la même manière, Dieu veut que tous les êtres humains soient sauvés. De plus, Dieu veut que Ses enfants deviennent suffisamment mûrs dans la foi pour connaître le cœur de Dieu le Père et partager un profond amour avec Lui. C'est pourquoi l'apôtre Paul écrit dans 1 Timothée 2 :4 que Dieu *«veut que tous les hommes soient sauvés et parviennent à la connaissance de la vérité.»*

Vous devez savoir que Dieu révèle l'enfer et le monde spirituel en détails, parce que Dieu, dans Son amour veut que tous les hommes reçoivent le salut et deviennent pleinement mûrs dans la foi.

Dans ce chapitre, j'expliquerai en détails s'il est possible à ceux qui sont morts sans avoir connu Jésus, d'être sauvés.

Le jugement de la conscience

Beaucoup de gens qui ne croient pas en Dieu reconnaissent néanmoins l'existence du ciel et de l'enfer, mais ils ne peuvent pas entrer dans le ciel, simplement parce qu'ils reconnaissent l'existence du ciel et de l'enfer.

Comme Jésus nous le dit dans Jean 14 :6 *«Je suis le chemin, la vérité, et la vie. Nul ne vient au Père, que par Moi»*, vous ne pouvez être sauvés ou entrer dans le ciel que par Jésus-Christ.

Alors, comment pouvez vous être sauvés ? L'apôtre Paul dans Romains 10 :9-10 nous montre la voie pour un salut concret :

> *Si tu confesses de ta bouche le Seigneur Jésus, et si tu crois dans ton cœur que Dieu l'a ressuscité des morts, tu seras sauvé. Car c'est en croyant du cœur qu'on parvient à la justice, et c'est en confessant de la bouche qu'on parvient au salut.*

Supposons qu'il y ait des personnes qui ne connaissent pas Jésus-Christ. La conséquence est qu'elles ne peuvent confesser que «Jésus est Seigneur». Elles ne croient pas non plus en Jésus-Christ avec leur cœur. Alors, est-il vrai qu'aucun d'eux ne peut être sauvé ?

Un grand nombre de gens ont vécu avant la venue de Jésus sur la terre. Même dans le Nouveau Testament, il y a des gens qui sont morts sans jamais avoir entendu l'évangile. Ces gens peuvent-ils être sauvés ?

Quel pourrait être le destin de certaines personnes qui sont mortes tellement tôt qu'elles n'ont jamais atteint la maturité ou la sagesse pour reconnaître la foi ? Qu'en est-il des enfants qui ne sont jamais nés à cause de l'avortement ou d'une fausse couche ? Doivent-ils aller en enfer sans conditions parce qu'ils n'ont pas cru en Jésus-Christ ? Non, ils ne doivent pas.

Le Dieu d'amour ouvre la porte du salut pour chacun selon Sa justice au travers du «Jugement de la conscience».

Ceux qui ont cherché Dieu et ont vécu avec une bonne conscience

Romains 1 :20 proclame que *«En effet, les perfections invisibles de Dieu, Sa puissance éternelle et Sa divinité, se voient comme à l'œil nu, depuis la création du monde, quand on les considère dans Ses ouvrages. Ils sont donc inexcusables.»* C'est pourquoi les gens qui ont un cœur bon croient en l'existence de Dieu, en voyant tout ce qu'Il a fait.

Selon Ecclésiaste 3 :11, Dieu a placé l'éternité dans le cœur des hommes. Donc, les gens bons cherchent Dieu par nature et croient vaguement à la vie après la mort. Les gens bons ont peur des cieux, et essaient de vivre des vies bonnes et justes, et cela même s'ils n'ont jamais entendu l'évangile. C'est pourquoi ils vivent selon la volonté de leurs dieux jusqu'à un certain degré. S'ils avaient simplement entendu l'évangile, ils auraient sûrement accepté le Seigneur, et seraient entrés au ciel.

Pour cette raison, Dieu a permis à des âmes bonnes, de rester dans le Tombeau Supérieur, comme un chemin pour les conduire vers le ciel, jusqu'à ce que Jésus meure à la croix. Après la crucifixion de Jésus, Dieu les a conduit vers le salut au travers du sang de Jésus, en leur permettant d'entendre l'évangile.

Entendre l'évangile dans le Tombeau Supérieur

La Bible nous dit que Jésus a proclamé l'évangile dans le Tombeau Supérieur après qu'Il soit mort sur la croix.

Comme 1 Pierre 3 :19 le remarque, *«Jésus est allé prêcher*

aux esprits en prison» Jésus a proclamé l'évangile aux âmes dans le Tombeau Supérieur, afin qu'elles puissent aussi être sauvées par Son sang.

Après avoir entendu l'évangile, les gens qui ne l'avaient pas entendu pendant leur vie, ont finalement reçu une chance de savoir qui était Jésus-Christ et ils furent sauvés.

Dieu ne nous a donné aucun autre nom, si ce n'est le nom de Jésus-Christ pour conduire les hommes vers le salut (Actes 4 :12). Même dans les temps du Nouveau Testament, ceux qui n'ont pas eu l'opportunité d'entendre l'évangile sont sauvés par le jugement de la conscience. Ils restent dans le Tombeau Supérieur pendant trois jours pour entendre l'évangile et puis entrent dans le ciel.

Les gens avec une conscience obscène ne cherchent jamais Dieu et vivent dans le péché, cédant à leurs propres passions. Ils ne croiraient pas en l'évangile, même s'ils l'entendaient. Après leur mort, ils seront envoyés dans l'Hadès pour vivre dans la punition et éventuellement tomber en enfer après le Jugement du Grand Trône Blanc.

Le jugement de conscience

Il est impossible pour quelqu'un de juger convenablement la conscience de quelqu'un d'autre, parce qu'un simple homme ne peut valablement lire le cœur des autres. Cependant, le Dieu Tout Puissant peut discerner le cœur de tous et prononcer des jugements équitables.

Romains 2 :14-15 explique le jugement de conscience. Les

gens bons savent ce qui est bien ou mal parce que leur conscience leur permet de connaître les exigences de la loi.

Quand les païens qui n'ont point de loi, font naturellement ce que prescrit la loi, ils sont, eux qui n'ont point de loi, une loi pour eux-mêmes ; ils montrent que l'œuvre de la loi est écrite dans leur cœur, leur conscience en rendant témoignage, et leurs pensées s'accusant ou se défendant tour à tour.

Donc, les gens de bien ne suivent pas le chemin du mal, mais suivent le chemin du bien dans leur vie. En conséquence, selon le jugement de conscience, ils restent dans le Tombeau Supérieur pendant trois jours, pendant lesquels ils entendent l'évangile et sont sauvés.

Vous pouvez nommer l'Amiral Soonshin Lee* en tant qu'exemple, il a vécu dans la bonté avec une bonne conscience (*note de l'Editeur : l'Amiral Lee était le commandant en chef des forces navales pour la Dynastie Chosun en Corée pendant le 16ème siècle). L'Amiral Lee vivait dans la vérité même s'il ne connaissait pas Jésus-Christ. Il est toujours resté loyal envers son roi, son pays, et les gens qu'il protégeait. Il était bon et fidèle envers ses parents et il aimait ses frères. Il n'a jamais placé son propre intérêt avant celui des autres et n'a jamais recherché les honneurs, l'autorité ou les richesses. Il a uniquement servi et s'est sacrifié lui-même pour ses voisins et le peuple.

Vous ne pouvez pas trouver de trace de mal en lui. L'Amiral

Lee fut exilé sans plaintes ni intention de vengeance envers ses ennemis lorsqu'il fut injustement accusé. Il n'a pas murmuré contre le roi, même lorsque le roi qui l'avait banni en exil, lui a ordonné de combattre sur le champ de bataille. Au contraire, il a remercié le roi de tout son cœur, a remis de l'ordre parmi les troupes et s'est battu dans des combats au risque de sa propre vie. De plus, il a trouvé du temps pour prier son dieu à genoux parce qu'il reconnaissait l'existence d'un dieu. Pour toutes ces raisons, Dieu ne le conduirait-il pas vers le ciel?

Ceux qui sont exclus du jugement de conscience

Les gens qui ont entendu l'évangile, mais qui n'ont pas cru en Dieu, peuvent-ils être sujets au jugement de conscience?

Les membres de votre famille ne peuvent pas être sujets au jugement de conscience s'ils n'ont pas accepté l'évangile, même si c'est vous qui le leur avez annoncé. C'est juste pour eux de ne pas être sauvés s'ils ont rejeté l'évangile, malgré qu'ils aient eu de nombreuses occasions de l'entendre.

Cependant, vous devez proclamer la bonne nouvelle avec zèle, parce que, même si les gens sont assez mauvais pour aller en enfer, vous leur permettrez d'avoir plus d'occasions de recevoir le salut par votre travail.

Chaque enfant de Dieu est un débiteur de l'évangile et a reçu l'obligation de le diffuser. Dieu vous interrogera au jour du Jugement si vous n'avez jamais prêché l'évangile à votre famille, y compris vos parents, vos frères et sœurs et vos proches, ainsi de suite. «Pourquoi n'avez-vous pas évangélisé vos parents et vos frères ? » « Pourquoi n'avez-vous pas évangélisé vos enfants ? » « Pourquoi n'avez-vous pas évangélisé vos amis ? »

Pour cela, vous devez propager la bonne nouvelle aux gens au temps favorable et défavorable, si vous comprenez réellement l'amour de Dieu qui a même sacrifié Son Fils unique, et si vous connaissez réellement l'amour du Seigneur qui est mort à la croix pour nous.

Sauver les âmes est le véritable moyen d'apaiser la soif du Seigneur, qui a crié à la croix « J'ai soif », et de rembourser le prix du sang du Seigneur.

Bébés jamais nés à cause de l'avortement ou des fausses couches

Quel est le sort des bébés qui ne sont jamais nés et qui sont morts en raison d'une fausse couche avant leur naissance ? Après la mort physique, un esprit humain est destiné à aller soit au ciel, soit en enfer, parce qu'un esprit humain, même s'il est aussi jeune ne peut pas être détruit.

L'esprit donné cinq mois après la conception

Quand un esprit est-il donné à un fœtus ? Un esprit n'est pas donné à un fœtus avant le sixième mois de la grossesse.

Selon la science médicale, après cinq mois de conception, le fœtus développe les organes auditifs, les yeux et les paupières. Les lobes cérébraux qui activent la fonction du cerveau sont aussi formés entre cinq et six mois de conception.

Lorsque le fœtus a six mois, un esprit lui est donné, et il a virtuellement la forme d'un être humain. Le fœtus ne va pas en enfer, ni au ciel lorsqu'il y a fausse couche avant que l'esprit ne lui soit donné, parce qu'un foetus sans esprit est comme un animal.

Ecclésiaste 3 :21 dit *«qui sait si le souffle des fils de l'homme monte en haut, et si le souffle de la bête descend en bas dans la terre?»* «Le souffle de l'homme» signifie ici, ce qui est combiné avec l'esprit humain et qui a été donné par Dieu, et qui pousse l'homme à chercher Dieu, et son âme qui l'oblige à penser et à obéir à la Parole de Dieu, tandis que «le souffle de la bête» se réfère seulement à l'âme, soit le système qui le fait penser et agir.

Une espèce particulière d'animaux s'éteint lorsqu'ils meurent tous, parce qu'ils n'ont qu'une âme mais pas d'esprit. Un fœtus de moins de six mois de grossesse n'a pas d'esprit. Donc, lorsqu'il mourra, il s'éteindra de la même manière qu'un animal.

L'avortement est un péché aussi grave que le meurtre

Alors, ce n'est pas un péché d'avorter d'un fœtus de moins de cinq mois, puisqu'il n'a pas d'esprit en lui? Vous ne devez pas commettre le péché d'avorter un fœtus, et cela peu importe le moment où un esprit lui est donné, en vous souvenant que c'est Dieu seul qui régit la vie humaine.

L'auteur du Psaume 139 :15-16 a écrit que *«Mon corps n'était point caché devant moi, lorsque j'ai été fait dans un lieu secret, tissé dans les profondeurs de la terre. Quand je n'étais qu'une masse informe, Tes yeux me voyaient ; et sur*

Ton livre, étaient tous inscrits les jours qui m'étaient destinés, avant qu'aucun d'eux n'existe. »

Le Dieu d'amour connaissait chacun d'entre vous avant que vous ne soyez formés dans le ventre de votre mère, et Il avait de merveilleux plans et idées pour vous, au point de les écrire dans Son livre. C'est pourquoi, un être humain, une simple créature de Dieu, ne peut pas contrôler la vie d'un fœtus, même s'il a moins de cinq mois d'âge.

Avorter d'un fœtus est identique au fait de commettre un meurtre, parce que vous enfreignez l'autorité de Dieu, qui régit la vie, la mort, les bénédictions et les malédictions. De plus, comment pouvez-vous oser insister sur le fait qu'il s'agit d'un péché insignifiant, lorsque vous tuez votre propre fils ou fille?

Rétributions du péché et les épreuves qui s'en suivent

Vous ne devez jamais violer la souveraineté de Dieu sur la vie humaine, quelles que soient les circonstances ou les difficultés. De plus, ce n'est pas correct d'avorter votre enfant dans la poursuite du plaisir. Vous devez réaliser que vous récolterez ce que vous semez, et vous payerez pour ce que vous avez fait.

Il est plus sérieux d'avorter un fœtus après six mois ou plus de grossesse. C'est la même chose que de tuer quelqu'un qui a grandi, parce qu'un esprit lui a déjà été donné.

L'avortement crée un grand mur de péché entre Dieu et vous. La conséquence est que vous êtes affligés de douleurs résultant d'épreuves et de troubles. Graduellement vous êtes séparés de

Dieu à cause du mur du péché, si vous ne faites rien pour résoudre ce problème de péché, et éventuellement, vous pouvez aller trop loin, sans être capables de revenir.

Même ceux qui ne croient pas en Dieu seraient punis, et toutes sortes d'épreuves et de troubles tomberaient sur eux, s'ils commettent un foeticide, parce que c'est un meurtre. Les épreuves et les troubles les accompagnent toujours étant donné que Dieu ne peut pas les protéger et détourne Sa face d'eux, s'ils n'abattent pas le mur du péché.

Repentez vous complètement de vos péchés et abattez le mur du péché

Dieu nous a donné Ses commandements, de ne pas condamner les êtres humains, mais de leur révéler Sa volonté, de les conduire à la repentance et de les sauver.

Dieu vous permet aussi de comprendre ces choses qui relèvent de l'avortement afin que vous ne commettiez pas ce péché, et que vous puissiez abattre le mur du péché, en vous repentant de vos péchés commis dans le passé.

Si vous avez avorté d'un enfant dans le passé, faites en sorte de vous repentir complètement, et abattez le mur du péché, en offrant un sacrifice de paix. Alors, les épreuves et les troubles disparaîtront, parce que Dieu ne se souviendra plus de vos péchés.

La sévérité du péché est différente, cas par cas, lorsque vous avortez votre enfant. Par exemple si vous avortez l'enfant parce que vous étiez enceinte à cause d'un viol, votre péché est relativement léger. Lorsqu'un couple marié avorte d'un enfant non désiré, leur péché est plus grave.

Si vous ne voulez pas d'enfant, pour toutes sortes de raisons, vous devez remettre l'enfant dans votre matrice à Dieu, dans la prière. Dans un cas pareil, vous donnerez naissance à votre enfant, si Dieu ne travaille pas en accord avec votre prière.

La plupart des enfants avortés sont sauvés, mais il y a des exceptions

Six mois après la conception, un fœtus, bien qu'il ait reçu un esprit, ne peut pas raisonnablement penser, comprendre ou croire quelque chose de sa propre volonté. Dieu sauve donc la plus grande partie de ces fœtus qui meurent pendant cette période, sans tenir compte de leur foi ou de celle de leurs parents.

Notez que j'ai dit « la plupart » - pas « tous » - les fœtus, parce que dans de rares cas, un fœtus peut ne pas être sauvé.

Un fœtus peut hériter d'une nature mauvaise au moment de la conception, si ses parents ou ses ancêtres ont fortement lutté contre Dieu, et ont accumulé le mal sur le mal. Dans ce cas, le fœtus ne peut être sauvé.

Par exemple, cela peut être l'enfant d'un magicien ou l'enfant de parents diaboliques qui ont maudit et ont souhaité la maladie pour les autres, tel que Heebin Jang dans l'histoire coréenne (Note de l'Editeur : Dame Jang était la concubine du Roi Sookjong vers la fin du 17ème siècle, et par jalousie a maudit la Reine). Elle a maudit sa rivale en perçant un portrait de sa rivale avec des flèches, dans une extrême jalousie. Les enfants de tels parents diaboliques, ne peuvent être sauvés parce qu'ils héritent de la nature mauvaise de leurs parents.

Il y a aussi des gens particulièrement mauvais, parmi ceux qui proclament croire. De telles personnes s'opposent, méjugent, condamnent, et gênent l'œuvre du Saint Esprit. Par jalousie, ils peuvent aussi tuer quelqu'un qui glorifie le Nom de Dieu. Si des enfants de tels parents subissaient une fausse couche, ils ne pourraient être sauvés.

A l'exception de ces quelques rares cas, la plupart des enfants qui ne sont jamais nés sont sauvés. Cependant, ils ne peuvent pas entrer dans le ciel, ni même dans le Paradis, parce qu'ils n'ont pas du tout grandi sur cette terre. Ils vivent dans le Tombeau Supérieur, même après le Jugement du Grand Trône Blanc.

Un lieu de repos éternel pour les bébés jamais nés sauvés

Les fœtus avortés à six mois ou plus de grossesse, sont dans le Tombeau Supérieur comme une feuille de papier blanc, étant donné qu'ils n'ont pas été éduqués sur la terre. Pour cette raison, ils resteraient dans le Tombeau Supérieur, et ils revêtiraient un corps qui correspond à leur âme au moment de la résurrection.

Ils vont revêtir un corps qui va changer et grandir comme les autres gens sauvés qui revêtiront un corps spirituel et éternel. Pour cela, malgré qu'ils se trouvent dans un état et une forme enfantine au début, ils grandiront jusqu'à ce qu'ils atteignent un état convenable.

Ces enfants, même lorsqu'ils auront grandi, demeureront dans le Tombeau Supérieur, remplissant leurs âmes de la connaissance de la vérité. Vous pouvez facilement comprendre cela, lorsque vous pensez à l'état originel d'Adam dans le Jardin d'Eden, et son processus d'apprentissage.

Adam était composé d'un esprit, d'une âme et d'un corps lorsqu'il fut créé en tant qu'être vivant. Cependant, son corps était différent d'un corps spirituel ressuscité, et son âme était ignorante comme celle d'un bébé nouveau né. C'est pourquoi Dieu Lui-même a donné à Adam la connaissance spirituelle, en marchant avec lui pendant une longue période.

Vous devez comprendre qu'Adam a été créé dans le Jardin d'Eden, sans aucun mal en lui, mais les âmes dans le Tombeau Supérieur ne sont pas aussi bonnes que ne l'était Adam, parce qu'elles ont déjà hérité de la nature pécheresse de leurs parents qui ont expérimenté la culture humaine pendant des générations.

Depuis la chute d'Adam, tous ses descendants après lui ont hérité du péché originel de leurs parents.

Les enfants de la naissance à l'âge de cinq ans

Comment des enfants jusqu'à l'âge de cinq ans, qui ne peuvent dire ce qui est bien ou mal, et ne peuvent pas encore reconnaître la foi, peuvent-ils être sauvés ? Le salut d'enfants de cet âge, dépend de la foi de leurs parents – spécialement leurs mères.

Un enfant peut recevoir le salut, si les parents de l'enfant ont la foi pour être sauvés et grandissent leur enfant dans la foi (1 Corinthiens 7 :14). Cependant, il n'est pas vrai qu'un enfant ne peut être sauvé sans conditions, simplement parce que ses parents n'avaient pas la foi.

Ici vous pouvez à nouveau expérimenter l'amour de Dieu. Genèse 25 nous montre que Dieu savait que Jacob serait plus grand dans le futur que son frère aîné Esaü, lorsqu'ils se sont battus dans le ventre de leur mère. Le Dieu omniscient conduit tous les enfants qui meurent avant l'âge de cinq ans selon le jugement de la conscience. Cela est possible, parce que Dieu sait si les enfants accepteraient le Seigneur, s'ils devaient vivre au-delà de cet âge, entendant l'évangile plus tard dans leur vie.

Cependant, les enfants dont les parents n'ont aucune foi, et qui ne passent pas le jugement de la conscience, tomberont inévitablement dans l'Hadès appartenant à l'enfer et seraient tourmentés là bas.

Le jugement de conscience et la foi de leurs parents

Le salut des enfants dépend en grande partie de la foi de leurs parents. Les parents doivent donc élever leurs enfants selon la volonté de Dieu, afin que leurs enfants ne finissent pas en enfer.

Il y a longtemps, un certain couple qui n'avait pas eu d'enfants, donna naissance à un enfant par un vœu dans la prière. Cependant, l'enfant fut tué prématurément dans un accident de la circulation.

J'ai pu découvrir la raison de la mort de leur enfant dans la prière. C'est parce que la foi des parents de l'enfant devenait froide et qu'ils s'étaient éloignés de Dieu. L'enfant n'a pas pu rejoindre le jardin d'enfants affilié à l'église, parce que ses parents s'étaient compromis dans une vie mondaine. Par conséquent, l'enfant commença à chanter des chansons mondaines au lieu des chants de louange à Dieu.

En ce temps là, l'enfant avait la foi pour recevoir le salut, mais il ne pouvait pas être sauvé s'il devait grandir sous l'influence de ses parents. Dans cette situation, Dieu, par l'accident de circulation, a appelé l'enfant à la vie éternelle et a donné à ses parents une occasion de se repentir. Si les parents s'étaient repentis et étaient revenus à Dieu avant d'avoir vu leur enfant tué violemment, Il n'aurait pas dû prendre une pareille mesure.

La responsabilité des parents pour la croissance spirituelle des enfants

La foi des parents a une influence directe sur le salut de leurs enfants. La foi des enfants ne peut pas grandir convenablement si leurs parents ne sont pas concernés par la croissance spirituelle de leurs enfants, et les laissent seulement à l'école de dimanche.

Les parents doivent prier pour leurs enfants, examiner s'ils adorent toujours en esprit et avec un cœur vrai, et leur enseigner à mener une vie de prière à la maison, en étant un bon exemple pour eux.

J'encourage tous les parents d'être éveillés dans leur propre foi et d'élever leurs enfants bien-aimés dans le Seigneur. Je bénis le fait que votre famille puisse jouir ensemble de la vie éternelle dans le ciel.

Les enfants de l'âge de six ans jusqu'à la puberté

Comment des enfants de l'âge de six ans, jusqu'à la puberté – environ l'âge de douze ans – peuvent-ils être sauvés?

Ces enfants peuvent comprendre l'évangile lorsqu'ils l'entendent, et ils peuvent aussi décider ce qu'ils veulent croire de leur propre volonté ou pensée, pas totalement, mais jusqu'à un certain niveau.

L'âge des enfants, tel qu'il est défini ici peut, bien sûr, être un peu différent dans le cas de chaque enfant, parce que chaque enfant grandit, se développe et mûrit à une allure différente. Le facteur important est le fait que normalement à cet âge, les enfants peuvent croire en Dieu de leur propre volonté et pensée.

Par leur propre foi sans tenir compte de la foi de leurs parents

Les enfants de plus de six jusqu'à l'âge de douze ans ont un bon sens pour choisir la foi. Pour cela, ils peuvent être sauvés par leur propre foi, sans tenir compte de la foi de leurs parents.

Vos enfants ne peuvent donc aller en enfer que si vous ne les élevez pas dans la foi, même si vous avez personnellement une foi forte. Il y a des enfants, dont les parents sont des incroyants. Dans de tels cas, il est plus difficile pour les enfants de recevoir le salut.

La raison pour laquelle je distingue le salut des enfants avant l'âge de la puberté de l'âge après la puberté est le fait que Dieu, au travers de Son incommensurable et abondant amour, peut appliquer le jugement de conscience au premier groupe.

Dieu peut donner à ces enfants, une occasion de plus de recevoir le salut, parce que des enfants de cet âge ne peuvent décider de certains sujets de leur propre volonté et pensée, étant donné qu'ils sont encore sous l'influence de leurs parents.

Les bons enfants acceptent le Seigneur lorsqu'ils entendent l'évangile et reçoivent le Saint Esprit. Ils vont aussi à l'église, mais ne peuvent pas le faire plus tard, à cause d'une sévère persécution de leurs parents qui adorent des idoles. Cependant, vers leurs dix ans, ils peuvent choisir ce qui est bien et ce qui est mal par leur propre volonté, sans égard pour l'intention de leurs parents. Ils peuvent conserver leur foi s'ils croient véritablement en Dieu, peu importe combien sévère est l'opposition et la persécution de leurs parents.

Imaginons qu'un enfant, qui aurait pu avoir une foi forte s'il avait pu vivre plus longtemps, meurt jeune. Que lui arrivera-t-il donc? Dieu le conduira au salut par la loi du jugement de la conscience, parce qu'il connaît la profondeur du cœur de l'enfant.

Cependant, si un enfant n'accepte pas le Seigneur et ne passe pas le jugement de la conscience, il ou elle n'aura plus d'opportunité et tombera inévitablement en enfer. De plus, il est acquis que le salut des gens au-delà de la puberté, est uniquement dépendant de leur propre foi.

Les enfants nés dans de mauvais environnements

Le salut d'un enfant simple, qui ne peut poser un jugement logique ou sain, dépend largement d'esprits (nature, énergie ou force) des parents ou ancêtres.

Un enfant peut être né avec un certain désordre mental ou être possédé par des démons dès un jeune âge, à cause de la méchanceté et de l'idolâtrie de ses ancêtres. Ceci est parce que les descendants sont sous l'influence de leurs parents et ancêtres.

Concernant ceci, Deutéronome 5 :9-10 nous prévient ainsi :

> *Tu ne te prosterneras point devant elles, et tu ne les serviras point ; car Moi, l'Eternel ton Dieu, je suis un Dieu jaloux qui punis l'iniquité des pères sur les enfants jusqu'à la troisième et à la quatrième génération de ceux qui Me haïssent, et qui fait miséricorde jusqu'en mille générations à ceux qui m'aiment et qui gardent mes commandements.*

1 Corinthiens 7 :14 observe aussi que *«Car le mari non-croyant est sanctifié par la femme, et la femme non- croyante est sanctifiée par le mari ; autrement vos enfants seraient impurs, tandis que maintenant ils sont saints.»*

De même, il est très difficile pour des enfants d'être sauvés si leurs parents ne vivent pas dans la foi.

Comme Dieu est amour, Il ne se détourne pas de ceux qui invoquent Son nom, même s'ils semblent nés avec une nature mauvaise héritée de leurs parents ou ancêtres. Ils peuvent être conduits au salut, parce que Dieu répond à leurs prières lorsqu'ils se repentent, essaient de vivre par Sa parole en tout temps et invoquent Son nom avec persévérance.

Hébreux 11 :6 nous dit que *«Or sans la foi, il est impossible de lui être agréable, car il faut que celui qui s'approche de Dieu croie que Dieu existe, et qu'Il est le rémunérateur de ceux qui le cherchent.»* Même si des gens sont nés avec une nature mauvaise, Dieu change leur mauvaise nature en nature bonne et les conduit vers le ciel lorsqu'ils Le réjouissent avec de bonnes œuvres et des sacrifices dans la foi.

Ceux qui ne peuvent chercher Dieu par eux-mêmes

Certaines personnes ne peuvent chercher Dieu dans la foi, parce qu'elles ont un désordre mental ou qu'elles sont possédées par des démons. Que feraient-elles dès lors?

Dans un tel cas, leurs parents ou membres de leur famille doivent démontrer une juste mesure de foi devant Dieu en faveur de ces personnes. Le Dieu d'amour, ouvrira alors la porte du salut, en voyant leur foi et leur sincérité.

Les parents doivent être blâmés pour la destinée de leur enfant, s'il meurt avant d'avoir reçu l'opportunité de recevoir le salut. Je vous exhorte donc à comprendre que vivre dans la foi est très important, non seulement pour les parents eux-mêmes, mais aussi pour leur descendance.

Vous devriez aussi comprendre le cœur de Dieu qui donne plus de valeur à une seule âme qu'au monde entier. Je vous encourage à avoir un amour abondant, afin de veiller non seulement à vos propres enfants, mais aussi à ceux de vos voisins et proches dans la foi.

Adam et Eve étaient-ils sauvés?

Adam et Eve ont été chassés vers la terre après qu'ils aient mangé du fruit de l'arbre de la connaissance du bien et du mal par désobéissance, et ils n'ont jamais entendu l'évangile. Ont-ils été sauvés ? Laissez-moi vous expliquer si le premier homme Adam et Eve ont reçu le salut.

Adam et Eve ont désobéi à Dieu

Au commencement, Dieu a créé le premier homme Adam et Eve à Sa propre image et les a beaucoup aimés. Dieu a tout préparé à l'avance pour qu'ils vivent abondamment et les a conduit dans le Jardin d'Eden. Là, Adam et Eve n'ont manqué de rien.

De plus, Dieu a donné à Adam un grand pouvoir et autorité pour gouverner toutes choses dans l'univers. Adam a gouverné toutes les choses vivantes sur la terre, dans les airs et sous la mer. L'ennemi Satan et le diable n'osaient pas entrer dans le Jardin, parce qu'il était gardé et protégé sous la direction d'Adam.

Marchant avec eux, Dieu Lui-même leur a donné l'éducation

spirituelle – la manière dont un père peut enseigner à ses enfants bien-aimés, tout de A à Z. Adam et Eve ne manquaient de rien, mais ils furent tentés par le serpent rusé et mangèrent le fruit défendu.

Ils ont goûté à la mort en accord avec la Parole de Dieu qu'ils «mourraient certainement» (Genèse 2 :17). En d'autres termes, leur esprit est mort malgré qu'ils aient été des âmes vivantes. En conséquence, ils furent chassés du beau Jardin d'Eden vers la terre. La culture humaine commença sur cette terre maudite et toutes choses sur cette terre étaient maudites en même temps.

Adam et Eve ont-ils été sauvés? Certaines personnes peuvent penser qu'ils ne pouvaient pas recevoir le salut parce que toutes choses étaient maudites et leurs descendants ont souffert à cause de leur désobéissance en premier lieu. Malgré cela, le Dieu d'amour a laissé la porte du salut ouverte pour eux.

Adam et Eve au travers de la repentance

Dieu vous pardonne, pourvu que vous vous repentez de tout votre cœur et revenez à Lui, même si vous êtes marqués par toutes espèces de péchés, du péché originel et de péchés actuels commis pendant que vous vivez dans ce monde rempli de ténèbres et de mal. Dieu vous pardonne tant que vous vous repentez profondément dans votre cœur et revenez à Lui, même si vous avez été un assassin.

Comparés au gens d'aujourd'hui, vous comprendrez qu'Adam et Eve avaient vraiment un cœur pur et bon. Dieu Lui-même les a entouré d'un amour tendre pendant une longue période de

ENFER

temps. Alors pourquoi Dieu enverrait-Il Adam et Eve en enfer sans leur pardonner lorsqu'ils se sont repentis du plus profond de leur cœur ?

Adam et Eve ont souffert tellement alors qu'ils étaient cultivés sur la terre. Ils avaient eu l'occasion de vivre en paix et de manger toutes sortes de fruits à tout moment au Jardin d'Eden ; maintenant ils ne pouvaient plus manger sans dur labeur et sueur. Eve devait donner naissance avec de plus fortes douleurs. Ils ont partagé des larmes et ont souffert du chagrin causé par leurs péchés. Adam et Eve ont aussi vu un de leurs fils assassiné par son frère.

Combien ont-ils dû regretter leur vie sous la protection de Dieu dans le Jardin d'Eden, alors qu'ils devaient supporter une telle agonie dans ce monde ? Quand ils vivaient dans le Jardin, ils ne connaissaient pas leur bonheur et ne remerciaient pas Dieu, parce qu'ils considéraient leur vie abondante et l'amour de Dieu comme une chose acquise.

Maintenant, cependant, ils pouvaient comprendre combien ils avaient été heureux en ce temps là et ils ont commencé à remercier Dieu pour Son amour débordant qu'Il leur avait prodigué. Ils se sont sûrement repentis de leurs péchés du passé.

Dieu a ouvert la porte du salut pour eux

Le salaire du péché c'est la mort, mais Dieu qui règne avec amour et justice, pardonne le péché tant que le peuple se repent sérieusement.

Le Dieu d'amour a permis à Adam et Eve d'entrer au ciel après avoir reçu leur repentance. Cependant, ils ont été sauvés de justesse pour vivre au Paradis, parce que Dieu est aussi juste. Leur péché – abandonner le grand amour de Dieu – n'était pas insignifiant. Adam et Eve sont devenus responsables pour la nécessité de la culture humaine, mais aussi la souffrance, la douleur et la mort de leurs descendants, à cause de leur désobéissance.

Même si la providence divine a permis à Adam et Eve de manger de l'arbre de la connaissance du bien et du mal, cet acte précis de désobéissance a conduit un nombre incalculable de personnes à la souffrance et à la mort. A cause de cela, Adam et Eve n'ont pas pu entrer dans un meilleur endroit du ciel que le Paradis, et bien sûr, ils ne peuvent pas recevoir de récompense glorieuse.

Dieu travaille avec amour et justice

Pensons à l'amour et à la justice de Dieu au travers de l'histoire de l'apôtre Paul.

L'apôtre Paul était le principal chef dans la persécution des croyants de Jésus, et il les emprisonnait lorsqu'il ne connaissait pas correctement Jésus.

Lorsque Etienne fut martyrisé, tandis qu'il témoignait du Seigneur, Paul regardait pendant qu'Etienne était lapidé à mort, et considérait que c'était bien.

Cependant, Paul a rencontré le Seigneur, et il L'a accepté sur le chemin de Damas. A ce moment, le Seigneur lui a dit qu'il serait un apôtre des Païens, et qu'il souffrirait beaucoup. Depuis cet instant, l'apôtre Paul se repentit profondément et sacrifia le restant de sa vie au Seigneur.

Il a pu entrer dans la Nouvelle Jérusalem, parce qu'il a rempli sa mission avec joie, malgré beaucoup de souffrances, et qu'il a été assez fidèle pour donner sa vie pour le Seigneur.

C'est la loi de la nature, que vous récoltiez ce que vous avez semé dans ce monde. C'est pareil dans le monde spirituel. Vous récolterez la bonté si vous avez semé la bonté, et vous récolterez le mal, si vous avez semé le mal.

Comme vous pouvez le constater dans l'histoire de Paul, vous devez préserver votre cœur, demeurer éveillés et garder en mémoire que les épreuves vous suivront pour vos œuvres mauvaises du passé, même si vous en êtes pardonnés par une repentance honnête.

Qu'est-il arrivé au premier meurtrier Caïn?

Que s'est-il passé avec le premier meurtrier Caïn qui est mort sans avoir entendu l'évangile? Examinons donc s'il a pu ou non être sauvé par le jugement de la conscience.

Les frères Caïn et Abel ont donné une offrande à Dieu

Adam et Eve ont donné naissance à des enfants sur la terre, après avoir été chassés du Jardin d'Eden : Caïn était leur premier fils et Abel était le frère cadet de Caïn. Lorsqu'ils ont grandi, ils ont offert une offrande à Dieu. Caïn apporta des fruits du sol comme offrande à Dieu, mais Abel apporta les parties grasses d'un des premiers nés de son troupeau.

Dieu regarda Abel et son offrande avec faveur, mais pas Caïn et son offrande. Alors pourquoi Dieu A-t-il regardé avec faveur Abel et son offrande?

Vous ne devez pas donner une offrande à Dieu contre Sa volonté. Selon la loi du monde spirituel, vous devez adorer Dieu avec le sang du sacrifice qui peut effacer les péchés. C'est pour cela que dans l'Ancien Testament, les gens sacrifiaient des bœufs ou des agneaux pour adorer Dieu, et dans les temps du Nouveau Testament, Jésus, l'agneau de Dieu est devenu un sacrifice de rachat, en versant Son sang.

Dieu vous accepte avec plaisir, répond à vos prières, et vous bénit lorsque vous L'adorez avec le sang du sacrifice, c'est-à-dire uniquement lorsque vous L'adorez en esprit. Le sacrifice spirituel signifie adorer Dieu en esprit et en vérité. Dieu ne peut pas recevoir votre adoration avec plaisir si vous êtes assoupis ou si vous écoutez le message avec des pensées distraites pendant le culte d'adoration.

Dieu a regardé uniquement Abel et son offrande avec faveur

Adam et Eve connaissaient évidemment très bien la loi spirituelle concernant la loi du sacrifice, parce que Dieu leur avait enseigné la loi en marchant avec eux dans le Jardin d'Eden pendant une longue période de temps. Ils ont bien évidemment dit à leurs enfants comment donner une offrande convenable à Dieu.

D'une part, Abel a adoré Dieu avec le sang du sacrifice, en obéissance à l'enseignement de ses parents. D'autre part, Caïn n'a pas apporté l'offrande de sacrifice, mais il a apporté certains fruits du sol en offrande à Dieu, suivant son propre raisonnement.

Concernant ceci, Hébreux 11 :4 dit *« C'est par la foi qu'Abel offrit à Dieu un sacrifice plus excellent que celui de Caïn ; c'est par elle qu'il fut déclaré juste, Dieu approuvant ses offrandes ; et c'est par elle qu'il parle encore, quoique mort. »*

Dieu a accepté l'offrande d'Abel parce qu'il a adoré Dieu en esprit par obéissance à Sa volonté et avec foi. Cependant, Dieu n'a pas accepté l'offrande de Caïn, parce qu'il ne L'a pas adoré en esprit, mais il L'a seulement adoré selon son propre standard et sa méthode.

Caïn a tué Abel par jalousie

En voyant que Dieu n'acceptait que l'offrande de son frère, mais pas la sienne, Caïn était très fâché et son visage était abattu. Finalement, il a attaqué son frère et l'a tué.

En seulement une génération, depuis le début de la civilisation humaine sur la terre, la désobéissance a produit l'envie, l'envie a provoqué le ressentiment et la haine, et le ressentiment et la haine ont provoqué le meurtre. Combien cela est-il terrible?

Vous pouvez voir combien rapidement les gens contaminent leurs cœurs avec le péché une fois qu'ils ont permis au péché d'entrer dans leur cœur. C'est pourquoi, vous ne devriez pas permettre, même à un péché insignifiant d'entrer dans votre cœur, mais vous devez immédiatement l'enlever.

Que s'est-il passé avec le premier meurtrier Caïn? Certaines personnes affirment que Caïn ne pouvait pas être sauvé, parce qu'il a tué son juste frère Abel.

Caïn savait qui était Dieu par ses parents. Contrairement aux gens d'aujourd'hui, les gens du temps de Caïn héritaient de leurs parents un péché originel relativement léger. Caïn, bien qu'il ait tué son frère dans un instant de jalousie, avait aussi la conscience pure.

Pour cela, malgré qu'il ait commis un meurtre, Caïn pouvait se repentir au travers de la punition de Dieu et Dieu lui a fait grâce.

Caïn fut sauvé plus tard après sa repentance

Dans Genèse 4 :13-15, Caïn plaide avec Dieu que sa punition était trop lourde à porter, il demanda Sa miséricorde lorsqu'il fut maudit et devint un voyageur sans repos sur la terre. Et Dieu répondit *«Si quelqu'un tuait Caïn, Caïn serait vengé sept fois»* et Dieu plaça une marque sur Caïn, afin que personne ne puisse le tuer.

Ici vous devez réaliser à quel point Caïn s'est complètement repenti après avoir tué son frère. A ce moment seulement il peut avoir le moyen d'avoir une communication avec Dieu, et Dieu met une marque sur lui comme un témoin de Son pardon. Si Caïn avait été une cause perdue, destiné à finir en enfer, pourquoi Dieu l'aurait-Il laissé plaider tout d'abord, puis encore moins lui aurait-Il mis une marque?

Caïn aurait dû être un pèlerin sans repos sur la terre selon la punition pour avoir tué son frère, mais en fin de compte, il reçut son salut au travers de la repentance de son péché. Cependant, comme pour le cas d'Adam, Caïn fut sauvé de justesse et autorisé à demeurer dans le pourtour extérieur – pas même au centre – du Paradis.

Le Dieu de justice ne pouvait pas permettre à Caïn d'entrer dans un meilleur endroit du ciel, au-delà du Paradis, malgré sa repentance. Même si Caïn a vécu une vie plus pure et moins pécheresse, il était malgré tout, assez mauvais pour tuer son propre frère.

Malgré cela, Caïn aurait pu être capable d'entrer dans un meilleur endroit du ciel, s'il avait cultivé son mauvais cœur pour qu'il devienne bon et qu'il avait fait de son mieux pour plaire à Dieu de toute sa force et de tout son cœur. La conscience de Caïn n'était donc même pas tellement bonne et pure.

Pourquoi Dieu ne punit-il immédiatement les gens mauvais?

Vous pouvez avoir de nombreuses questions tandis que vous vivez une vie de foi. Certaines personnes sont très mauvaises, mais Dieu ne les punit pas. D'autres souffrent de maladies ou meurent à cause de leur méchanceté. D'autres encore meurent à un jeune âge, même s'ils semblent être fidèles à Dieu.

Par exemple, le Roi Saül était assez mauvais de cœur pour

essayer de tuer David, malgré qu'il sache que Dieu avait oint David. Cependant, Dieu a laissé le Roi Saül impuni. En conséquence, Saül a encore plus persécuté David.

Ceci était un exemple de la providence de l'amour de Dieu. Dieu voulait entraîner David afin d'en faire un grand vase, et finalement en faire un roi au travers du mauvais Saül. C'est pourquoi le Roi Saül est mort lorsque la formation de David fut achevée.

De la même manière, selon chaque individu, Dieu punit les gens immédiatement, ou Il leur permet de vivre impunis. Tout contient la providence et l'amour de Dieu.

Vous devriez tendre vers une meilleure place au ciel

Jésus a dit *«Je suis la résurrection et la vie. Celui qui croit en Moi vivra, quand même il sera mort ; et quiconque vit et croit en Moi ne mourra jamais. Crois-tu cela?»* (Jean 11 :25-26).

Ceux qui ont reçu le salut en acceptant l'évangile ressusciteront sûrement, revêtiront un corps spirituel et jouiront de l'éternelle gloire au ciel. Ceux qui sont toujours vivants sur la terre seront enlevés dans les nuées pour aller à la rencontre du Seigneur dans les airs lorsqu'Il descendra du ciel. Plus vous ressemblez à l'image de Dieu, meilleure sera la place que vous occuperez au ciel.

Sur ce sujet, Jésus nous dit dans Matthieu 11 :12 *«Depuis le temps de Jean Baptiste jusqu'à présent, le royaume de cieux est forcé, et ce sont les violents qui s'en emparent.»* Jésus nous a fait une autre promesse lorsque Il dit *«Car le Fils de l'homme doit venir dans la gloire de Son Père, avec Ses anges ; et alors, Il rendra à chacun selon ses œuvres.»* (Matthieu 16 :27). 1 Corinthiens 15 :41 observe aussi que *«Autre est l'éclat du soleil, autre l'éclat de la lune, et autre l'éclat des étoiles ; même une étoile diffère en éclat d'une autre étoile.»*

Vous ne pouvez rien changer en aspirant à une meilleure place au ciel. Vous devez tendre à devenir plus sanctifiés et plus fidèles dans la maison de Dieu, afin que vous puissiez être autorisés à entrer dans la Nouvelle Jérusalem où se trouve le Trône de Dieu. Tout comme un fermier pour sa moisson, Dieu veut conduire autant de personnes que possible vers un meilleur royaume dans le ciel, en les enseignant sur la terre.

Vous devez bien connaître le monde spirituel pour entrer dans le ciel

Les gens qui ne connaissaient pas Dieu, ni Jésus-Christ pouvaient difficilement entrer dans la Nouvelle Jérusalem, même s'ils avaient été sauvés au travers du jugement de la conscience.

Il y a des gens qui ne connaissent pas clairement la providence de la culture humaine, le cœur de Dieu et le monde spirituel, et ce malgré qu'ils ont entendu l'évangile. A cause de cela, ils ne sauront jamais que les violents s'emparent du royaume des cieux, et n'auront par conséquent aucun espoir pour la Nouvelle Jérusalem.

Dieu nous dit *«Sois fidèle jusqu'à la mort, et Je te donnerai la couronne de vie.»* (Apocalypse 2 :10). Dieu vous récompense abondamment dans le ciel, selon ce que vous avez semé. La récompense est très précieuse, parce qu'elle demeure et reste glorieuse éternellement.

Lorsque vous gardez cela en mémoire, vous pouvez bien vous préparer en tant que belle épouse du Seigneur, tout comme les cinq vierges sages et accomplir tout l'esprit.

1 Thessaloniciens 5 :23 dit *«Que le Dieu de paix vous sanctifie lui-même tout entiers, et que tout votre être, l'esprit, l'âme et le corps, soit conservé irréprochable, lors de l'avènement de notre Seigneur Jésus-Christ!»*

Par conséquent vous devez vous préparer avec zèle en tant qu'épouse du Seigneur, à accomplir la Pafaite Sanctification avant le retour du Seigneur Jésus-Christ, ou l'appel de Dieu pour votre âme, selon ce qui vient en premier.

Ce n'est pas suffisant de venir à l'église chaque dimanche et de confesser «je crois.» Vous devez vous débarrasser de tout espèce de mal et être fidèles dans toute la maison de Dieu. Plus vous êtes agréables à Dieu, meilleure sera la place du ciel où vous pourrez accéder.

Je vous encourage à devenir un véritable enfant de Dieu au moyen de cette connaissance. Au nom du Seigneur, je vous bénis pour ne pas uniquement marcher avec le Seigneur sur cette terre mais aussi pour vivre plus près de Son Trône pour l'éternité.

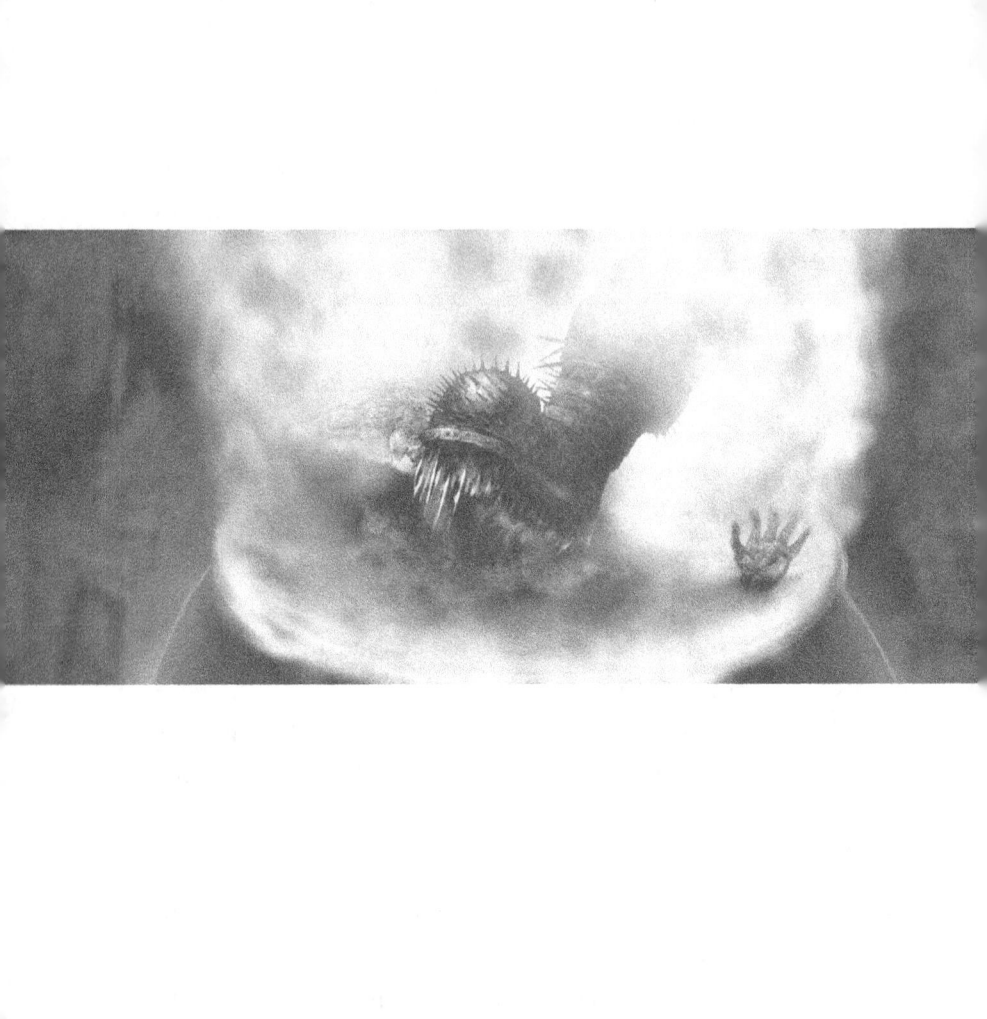

Chapitre 3

L'Hadès et l'identité des messagers de l'enfer

Les messagers de l'enfer conduisent les gens vers l'Hadès
Un lieu d'attente vers le monde des esprits impurs
Différentes punitions en Hadès pour différents péchés
Lucifer en charge de l'Hadès
L'identité des messagers de l'enfer

Car, si Dieu n'a pas épargné les anges qui ont péché, mais s'il les a précipités dans les abîmes de ténèbres et les réserve pour le jugement;
- 2 Pierre 2:4 -

Les méchants se tournent vers le séjour des morts, Toutes les nations qui oublient Dieu.
- Psaume 9:17 -

L'Hadès et l'identité des messagers de l'enfer

A chaque récolte, les fermiers se réjouissent dans l'attente d'une bonne moisson. Cependant, il est difficile pour eux de moissonner du grain de première qualité tout le temps, malgré qu'ils travaillent dur, jour après jour, nuit après nuit, plantant des engrais, désherbant, et ainsi de suite. Parmi la moisson, il y aura du second choix, du troisième choix et même de la paille.

Les gens ne peuvent pas manger de la paille comme nourriture, de plus, elle ne peut pas être amassée avec le bon grain, parce que la paille abîmerait le blé. C'est pourquoi le fermier rassemble la paille et la brûle ou l'utilise comme fumier.

Il en va de même avec la culture humaine sur la terre. Dieu cherche de vrais enfants, qui ont aussi l'image sainte et parfaite de Dieu. Cependant, il y a des gens qui ne parviennent pas à se débarrasser totalement de leurs péchés ou d'autres qui sont complètement consumés par le mal et perdent leur devoir en tant qu'homme. Dieu veut des enfants saints et vrais, mais Il rassemble aussi au ciel, ceux qui meurent avant de s'être complètement débarrassé de leurs péchés, pour autant qu'ils aient essayé de vivre dans la foi.

D'une part, Dieu n'envoie pas dans le terrifiant enfer, les gens qui ont la foi comme un grain de moutarde pour dépendre du sang de Jésus-Christ, et ce malgré son but originel de cultiver et de récolter uniquement les vrais enfants. D'autre part, ceux qui ne croient pas en Jésus-Christ et combattent Dieu jusqu'à la fin, n'ont d'autre alternative que d'aller en enfer, parce qu'ils ont choisi le chemin de la destruction à cause de la méchanceté qui est en eux.

Alors, comment les âmes non sauvées sont-elles conduites

dans l'Hadès, et comment sont elles punies là-bas? Je vais expliquer en détails l'Hadès qui appartient à l'enfer, ainsi que l'identité des messagers de l'enfer.

Les messagers de l'enfer conduisent les gens vers l'Hadès

D'une part, lorsqu'une personne sauvée par la foi meurt, deux anges viennent pour la conduire vers le Tombeau Supérieur qui appartient au ciel. Dans Luc 24 :4, nous trouvons deux anges qui attendent Jésus après Son ensevelissement et Sa résurrection. D'autre part, lorsqu'une personne non sauvée meurt, deux messagers de l'enfer viennent pour la conduire vers l'Hadès. Il est généralement possible de savoir si une personne qui est sur son lit de mort est sauvée ou non, selon l'expression de son visage.

Avant l'instant de la mort

Les yeux spirituels des gens sont ouverts avant le moment de la mort. La personne meurt en paix avec le sourire si il ou elle voit des anges dans la lumière et le corps mort ne se raidit pas rapidement. Même après deux ou trois jours, le corps mort ne pourrit pas et ne dégage pas de mauvaise odeur, et la personne semble être toujours vivante.

Cependant, quel doit être le sentiment de terreur et de tremblement que ressentent les personnes non sauvées lorsqu'elles voient les horribles messagers de l'enfer? Ils meurent dans une peur atroce, incapables de fermer leurs yeux.

Si le salut de quelqu'un n'est pas certain, les anges et les messagers de l'enfer se battent pour amener cette âme vers leur destination respective. C'est pourquoi, la personne est tellement anxieuse jusqu'à la mort. Combien ce doit être angoissant et anxieux lorsqu'il voit les messagers de l'enfer porter des accusations contre lui «il n'a pas la foi pour être sauvé».

Lorsqu'une personne avec une foi faible est sur son lit de mort, les gens qui ont une foi forte devraient l'aider pour avoir plus de foi, au travers de la louange et de l'adoration. Il peut alors recevoir le salut même sur son lit de mort en ayant la foi, même s'il ne reçoit qu'un salut honteux et finit au Paradis.

Vous pouvez voir cette personne sur son lit de mort recevoir la paix parce qu'elle reçoit la foi pour être sauvée tandis que les gens louent et adorent pour lui. Lorsqu'un homme à la foi forte est sur son lit de mort, vous ne devez pas l'aider à grandir ou avoir la foi. Il vaut mieux lui donner de l'espérance et de la joie.

Un lieu d'attente vers le monde des esprits impurs

D'une part, même une personne qui a une faible foi peut être sauvée si elle possède une foi suffisante au travers de la louange et de l'adoration sur son lit de mort. D'autre part, si elle n'est pas sauvée, les messagers de l'enfer la conduisent au lieu d'attente qui appartient à l'Hadès et elle doit s'adapter au monde des esprits impurs.

ENFER

Tout comme les âmes sauvées ont une période d'adaptation de trois jours dans le Tombeau Supérieur, les âmes non sauvées demeurent aussi trois jours dans le lieu d'attente qui ressemble à un grand puits en Hadès.

Trois jours d'adaptation dans le lieu d'attente

Le lieu d'attente dans le Tombeau Supérieur où les âmes sauvées demeurent pendant trois jours, est plein de joie, de paix et d'espérance pour la vie glorieuse à venir. Le lieu d'attente en Hadès, cependant est tout l'opposé.

Les âmes non sauvées doivent vivre dans des souffrances insupportables, recevant toutes sortes de punitions selon leurs œuvres dans ce monde. Avant de tomber en Hadès, ils se préparent pour vivre dans l'univers des esprits impurs dans le lieu d'attente pendant trois jours. Ces trois jours dans le lieu d'attente ne sont pas reposants, mais seulement le commencement de leur vie de douleur éternelle.

De nombreuses espèces d'oiseaux avec de grands becs pointus picotent ces âmes. Ces oiseaux sont très vilains et des créatures spirituelles dégoûtantes totalement différents des oiseaux de ce monde.

Les âmes non sauvées sont déjà séparées de leur corps et vous pouvez donc penser qu'elles ne ressentent aucune douleur. Cependant, ces oiseaux peuvent les mordre parce que les oiseaux dans ce lieu d'attente, sont aussi des créatures spirituelles.

Chaque fois que les oiseaux picotent ces âmes, leurs corps sont déchirés en saignant et sont aussi dépecés. Les âmes essaient de s'esquiver de la morsure des oiseaux, mais elles ne le peuvent pas. Elles ne peuvent que se battre et se baisser avec des cris. Parfois les oiseaux viennent pour leur arracher les yeux.

Différentes punitions en Hadès pour différents péchés

Après les trois jours de transit dans le lieu d'attente, les âmes non sauvées sont réparties vers différents endroits de punition dans l'Hadès, selon leurs péchés dans ce monde. Le ciel est très spacieux. L'enfer est tout aussi spacieux, afin de permettre un nombre incalculable d'endroits séparés afin de recevoir les âmes non sauvées dans l'Hadès, qui est seulement une partie de l'enfer.

Différents endroits de punition

Dans l'ensemble, l'Hadès est sombre et humide, et les âmes peuvent sentir la chaleur grésillante. Les âmes non sauvées, seront torturées en permanence par des coups, des morsures et des déchirements.

Dans ce monde, lorsque votre bras ou votre jambe est coupé, vous devez vivre sans ce bras ou cette jambe. Dès que vous mourez, votre agonie et votre trouble devraient disparaître avec votre mort. En Hadès cependant, si votre tête est coupée, elle se régénèrera d'elle-même. Même si une partie de votre corps est coupée, votre corps sera rapidement reconstitué. De la même manière que vous ne pouvez pas couper de l'eau, même avec le couteau le plus affûté, aucune torture morsure ou déchirement de votre corps ne peut mettre fin à l'agonie.

Vos yeux seront restaurés peu après que les oiseaux les aient arrachés. Même si vous êtes blessés et que vos intestins se répandent, vous serez rapidement restaurés. Votre sang sera versé sans arrêt pendant que vous êtes tourmentés, mais vous ne pouvez pas mourir parce que votre sang sera rapidement reconstitué. Ce processus horrible vous tourmentera encore et encore.

C'est pourquoi, il y a une rivière de sang qui provient du sang répandu par les âmes en Hadès. Rappelez vous que l'esprit est immortel. Lorsqu'il est continuellement torturé pour l'éternité, sa douleur est aussi éternelle. Les âmes supplient pour la mort, mais elle ne vient pas car il ne leur est pas permis de mourir. A cause des tortures perpétuelles, l'Hadès est rempli de gens qui crient et grognent dans une odeur pestilentielle.

Les cris d'agonie en Hadès

Je présume que certains d'entre vous ont directement expérimenté la guerre. Si ce n'est pas le cas, vous avez peut être vu des scènes horribles dépeignant la douleur et les cris, dans des films de guerre ou des documentaires historiques. Des gens blessés sont ici et là. Certains d'entre eux perdent leurs jambes ou leurs bras. Leurs yeux sont bouleversés et le contenu de leur cerveau est éclaté. Personne ne sait quand l'artillerie tirera sur lui ou elle. Cet endroit est rempli de fumée suffocante de l'artillerie, de l'odeur du sang, des grognements et des cris. Les gens peuvent appeler un tel endroit «l'enfer sur terre».

Cependant, cette désastreuse scène de l'Hadès est beaucoup plus misérable que la pire des scènes d'un champ de bataille dans ce monde. De plus, les âmes dans l'Hadès ne souffrent pas uniquement des tortures présentes, mais aussi de la peur des tortures à venir.

Le tourment est trop pour elles et elles essaient d'y échapper, mais en vain. De plus, ce qui les attend sont uniquement le feu rugissant et le soufre de l'enfer inférieur.

Combien de regrets et de remords les âmes devraient elles avoir quand elles voient le soufre brûlant de l'enfer, en disant «J'aurais dû croire lorsqu'on m'a prêché l'évangile... Je n'aurais pas dû pécher...!» Il n'y a malheureusement pas de deuxième chance, ni de chemin du salut pour elles.

Lucifer en charge de l'Hadès

On ne peut vraiment comprendre le genre et la magnitude de la punition dans l'Hadès. Tout comme les méthodes de torture varient dans ce monde, on peut dire de même à propos des tortures en Hadès.

Certains peuvent souffrir de leur corps qui pourrit, d'autres peuvent voir leur corps être mangé ou mâché et le sang sucé par différentes mouches et insectes. D'autres encore sont pressés contre des pierres extraordinairement chauffées ou doivent se tenir sur du sable dont la température est sept fois supérieure à celle de nos déserts ou plages dans ce monde. Dans certains cas, ce sont les messagers de l'enfer qui torturent eux-mêmes les âmes. D'autres méthodes de torture utilisent l'eau, le feu et d'autres méthodes et équipements inimaginables.

Les Dieu d'amour ne régit pas cet endroit pour les âmes non sauvées. Dieu a donné aux esprits impurs, l'autorité pour régner dans ces lieux. Le chef de tous les esprits impurs, Lucifer, règne sur l'Hadès, là où les âmes non sauvées, comme la paille doit demeurer. Il n'y a pas de pitié ni de miséricorde ici, et Lucifer a le contrôle sur tous les aspects de l'Hadès.

L'identité de Lucifer, chef de tous les esprits impurs

Qui était Lucifer ? Lucifer fut un des archanges, que Dieu aimait beaucoup et Il l'appelait « Fils de l'aurore » (Esaïe 14 :12). Malgré cela, elle s'est rebellée contre Dieu et est devenue le chef des esprits impurs.

Les anges dans le ciel n'ont pas d'humanité, ni de libre pensée. C'est pourquoi ils ne peuvent pas choisir les choses de leur propre volonté. Et ils ne font que suivre les ordres comme des robots. Dieu cependant, donne à certains anges de l'humanité et partage Son amour avec eux. Lucifer qui était l'un de ces anges, était responsable de la musique céleste. Lucifer louait Dieu avec sa belle voix et les instruments de musique et elle était agréable à Dieu en chantant la gloire de Dieu.

Elle devint cependant graduellement arrogante à cause de l'amour particulier de Dieu pour elle et son désir de s'élever et de devenir plus puissant que Dieu l'a conduite à se rebeller contre Lui en fin de compte.

L'Hadès et l'identité des messagers de l'enfer

Lucifer a défié Dieu et s'est rebellée contre Lui

La Bible nous dit qu'un nombre important d'anges a suivi Lucifer (2 Pierre 2 :4 ; Jude 1 :6). Il y a une myriade d'anges au ciel et environ un tiers a suivi Lucifer. Vous pouvez vous imaginer combien d'anges ont suivi Lucifer. Lucifer s'est rebellée contre Dieu dans son arrogance.

Comment était-il possible pour autant d'anges de suivre Lucifer ? Vous pouvez facilement comprendre cela si vous pensez au fait que les anges ne font qu'obéir aux ordres de la même manière que les robots le font.

D'abord, Lucifer a gagné le soutien de certains anges de haut rang, qui étaient sous son influence, et puis elle a facilement gagné des anges de rang inférieur sous la direction de ces anges de haut rang.

A côté des anges, parmi les êtres spirituels, des dragons et une partie des chérubins ont également suivi la rébellion de Lucifer. Lucifer qui a défié Dieu dans la rébellion, fut finalement vaincue et chassée du ciel où elle résidait à l'origine, avec ses suiveurs. Ensuite, ils ont été enfermés dans l'abîme jusqu'à ce qu'ils soient utilisés pour la culture humaine.

> *Te voila tombé du ciel, astre brillant, fils de l'aurore!*
> *Tu es abattu à terre, toi le vainqueur des nations! Tu*
> *disais en ton cœur, je monterai au ciel, j'élèverai mon*
> *trône au dessus des étoiles de Dieu ; je m'assiérai sur*
> *la montagne de l'assemblée, à l'extrémité du*
> *septentrion ; je monterai sur le sommet des nues, je*

ENFER

serai semblable au Très Haut. Mais tu as été précipité dans le séjour des morts, dans les profondeurs de la fosse. (Esaïe 14:12-15)

Lucifer était belle au-dessus de toute description, pendant qu'elle était dans le ciel avec l'amour débordant de Dieu après la rébellion, cependant, elle devint laide et horrible.

Les gens qui l'ont vue avec leurs yeux spirituels disent que Lucifer est tellement laide que vous le trouveriez révoltant, même si vous ne faisiez que la voir. Elle a l'air ennuyeux avec ses cheveux en désordre teints en différentes couleurs telles que le rouge, le blanc et le jaune, planant dans le ciel.

Aujourd'hui, Lucifer conduit les gens à l'imiter dans sa manière de s'habiller et de se coiffer. Lorsque les gens dansent, ils sont très sauvages, tumultueux et laids pointant du doigt.

Ce sont les tendances de notre temps que Lucifer crée et elles prolifèrent au travers des médias et de la culture. Ces tendances peuvent blesser les émotions des gens et les conduire au chaos. De plus, ces tendances poussent les gens à s'éloigner de Dieu et même à le renier.

Les enfants de Dieu doivent être différents et ne pas tomber dans les tendances du monde. Si vous êtes tombé dans les tendances du monde, vous maintiendrez l'amour de Dieu loin de vous, parce que ces tendances du monde entraînent votre cœur et vos pensées. (1 Jean 2 :15).

Les esprits impurs font de l'Hadès un endroit d'épouvante

D'une part, le Dieu d'amour est la bonté même. Il prépare toutes choses pour nous dans Sa sagesse, Ses bonnes pensées et Son jugement. Il veut que nous vivions continuellement dans le bonheur parfait du merveilleux ciel. D'autre part, Lucifer est le mal personnifié. Les esprits impurs qui suivent Lucifer sont toujours en train d'imaginer des moyens de tourmenter les gens plus fort. Dans leur sagesse maléfique, ils font de l'Hadès un endroit encore plus terrifiant en imaginant toutes espèces de méthodes de torture.

Même dans ce monde, au travers de l'histoire, les gens ont imaginé différentes cruelles méthodes de torture. Lorsque la Corée était sous la dominations du Japon, les japonais ont torturé les dirigeants coréens des mouvements d'indépendance nationale en enfonçant une tige de bambou en dessous de leurs ongles ou en arrachant les ongles de leurs mains et pieds un par un. Ils mettaient aussi un mélange de piments rouges et d'eau dans les yeux et les narines des dirigeants des mouvements tandis qu'ils étaient pendus la tête en bas. Une odeur révoltante de chair brûlée remplissait la chambre de torture, parce que les bourreaux japonais brûlaient différentes parties de leur corps avec des tiges de métal brûlant. Leurs organes internes tombaient de leurs estomacs, tandis qu'ils étaient sévèrement battus.

Comment les gens ont-ils tourmenté les criminels au travers

de l'histoire Coréenne ? Ils tordaient les jambes d'un criminel comme forme de torture. Le criminel était lié par les chevilles et les genoux et alors deux bâtons étaient insérés entre ses deux mollets. Les os dans les jambes du criminel étaient fracassés en morceaux pendant que le bourreau tordait les deux bâtons. Pouvez-vous vous imaginer combien cela devait être douloureux.

Les tortures inventées par les hommes sont aussi cruelles que notre imagination peut nous conduire. Imaginez alors combien cruel et misérable cela doit être lorsque des esprits impurs qui ont une beaucoup plus puissante sagesse et capacité, torturent les âmes non sauvées ? C'est leur plaisir que de développer différentes méthodes de torture et d'y soumettre les âmes non sauvées.

C'est pourquoi vous devez connaître le monde des esprits impurs. Alors, vous serez capables de diriger, contrôler et les vaincre. Vous pouvez facilement les vaincre lorsque vous vous maintenez saints et purs, sans vous conformer aux standards de ce monde.

L'identité des messagers de l'enfer

Qui sont ces messagers de l'enfer qui torturent les âmes des personnes non sauvées en Hadès ? Ce sont des anges de rang inférieur qui ont suivi Lucifer dans sa rébellion avant que le monde ne commence.

Qu'il a réservé pour le jugement du grand jour,

enchaînés éternellement par les ténèbres, les anges qui n'ont pas gardé leur dignité, mais qui ont abandonné leur propre demeure. (Jude 1 :6)

Les anges déchus ne peuvent pas sortir dans le monde librement, parce que Dieu les a liés dans les ténèbres jusqu'au Jugement du Grand Trône Blanc. Certaines personnes affirment que les démons sont les anges déchus, mais ce n'est pas vrai. Les démons sont des âmes non sauvées qui sont relâchées de l'Hadès pour accomplir leur travail dans des circonstances spéciales. J'expliquerai cela en détail au chapitre 8.

Les anges qui sont tombés avec Lucifer

Dieu a lié les anges déchus dans les ténèbres – l'enfer – pour le Jugement. Les anges déchus ne peuvent donc pas sortir dans le monde sauf à des occasions spéciales.

Ils ont été très beaux jusqu'à ce qu'ils se soient rebellés contre Dieu. Cependant, les messagers de l'enfer ne sont ni beaux ni brillants même depuis qu'ils sont tombés et ont été maudits.

Ils ont un air tellement mornes que vous seriez dégoûtés d'eux. Leur image est semblable à des visages humains, ou ils ont la forme de différents animaux dégoûtants.

Leur apparence est semblable à celle d'animaux détestables, tels que des cochons décrits dans la Bible (Lévitique 11). Mais ils ont d'horribles images maudites. Ils décorent aussi leurs corps avec des couleurs et des objets grotesques.

Ils portent une armure de fer et des souliers militaires. Des instruments de torture aiguisés sont fermement attachés à leurs corps. Ils ont souvent un couteau, une lance ou un fouet dans la main.

Ils montrent une attitude de domination et vous pouvez ressentir leur grande puissance, lorsqu'ils se déplacent, parce qu'ils exercent leur complète autorité et force dans les ténèbres. Les gens ont très peur des démons. Mais les messagers de l'enfer sont plus horribles que les démons.

Quel est exactement le rôle des messagers de l'enfer ? C'est premièrement de torturer les âmes non sauvées puisqu'ils ont la charge de l'enfer.

Des formes de torture plus explicites sont réservées par les messagers de l'enfer à ceux qui ont une punition plus sévère en Hadès. Par exemple, des messagers, portant des masques d'horribles porcs, coupent le corps de ces âmes en tranches ou bien les gonflent comme des ballons et puis les crèvent ou les frappent.

De plus, ils torturent les gens de différentes manières. Même les enfants ne sont pas exempts de torture. Ce qui brise nos esprits est le fait que les messagers de l'enfer piquent ou frappent des enfants pour le plaisir. En raison de cela vous devez faire de votre mieux pour empêcher même une seule âme de tomber en enfer, qui est un endroit cruel, misérable et horrible rempli de douleur et de souffrance qui ne finissent jamais.

Je me trouvais au seuil de la mort en raison d'un stress excessif en 1992. A ce moment, Dieu m'a montré beaucoup des membres de l'église qui suivaient les standards de ce monde. J'espérais vivement me trouver avec le Seigneur, jusqu'à ce que je voie cette scène. Mais je ne pouvais plus désirer être avec le Seigneur, parce que je savais que beaucoup de mes brebis tomberaient en enfer.

J'ai donc changé d'avis et j'ai demandé à Dieu de me ramener à la vie. Dieu m'a donné de la force en un instant et à ma surprise, j'étais capable de me lever de mon lit de mort et j'ai récupéré une parfaite santé. La puissance de Dieu m'a ressuscité. Parce que je sais si bien tant de choses sur l'enfer, je proclame avec persévérance les secrets de l'enfer que Dieu m'a révélés, afin de sauver même une seule âme de plus.

Chapitre 4

Punitions en Hadès pour les enfants non sauvés

Fœtus et nourrissons

Les tout petits

Les enfants en âge de marcher et parler

Les enfants de six à douze ans

Les jeunes qui ont conspué le prophète Elisée

Que la mort les surprenne,
Qu'ils descendent vivants au séjour des morts!
Car la méchanceté est dans leur demeure, au milieu d'eux.
- Psaume 55:15 -

Il monta de là à Béthel; et comme il cheminait à la montée,
des petits garçons sortirent de la ville, et se moquèrent
de lui. Ils lui disaient: Monte, chauve! monte, chauve!
Il se retourna pour les regarder, et il les maudit au nom
de l'Éternel. Alors deux ours sortirent de la forêt, et
déchirèrent quarante-deux de ces enfants.
- 2 Rois 2:23-24 -

Dans le chapitre précédent, j'ai décrit comment l'archange déchu Lucifer dirige l'enfer et comment les autres anges déchus dirigent sous la supervision de Lucifer. Les messagers de l'enfer torturent les âmes non sauvées selon leurs péchés. En règle générale, les punitions en Hadès sont réparties en quatre niveaux. La punition la plus légère est infligée aux gens qui sont tombés en enfer à cause du jugement de conscience. La punition la plus sévère est infligée sur les gens dont la conscience est brûlée comme au fer rouge et qui ont défié Dieu de la manière dont Judas Iscariote le fit en vendant Jésus pour son propre profit.

Dans les chapitres qui suivent, j'expliquerai en détail le genre de punitions qui est infligé en Hadès aux âmes non sauvées. Avant de me concentrer sur les punitions infligées aux adultes, je discuterai du genre de punitions infligées aux enfants non sauvés selon leur catégorie d'âge.

Fœtus et nourrissons

Même un enfant qui ne sait penser peut aller en Hadès s'il ne peut passer le jugement de conscience, à cause de la nature pécheresse qu'il a hérité de ses parents incroyants. L'enfant recevra une punition légère parce que son péché est léger lorsqu'on le compare avec ceux d'un adulte, mais il souffre malgré tout d'une faim et d'une douleur insupportable.

ENFER

Les nourrissons pleurent et souffrent de faim

Les bébés sevrés qui ne peuvent pas encore marcher ou parler sont catalogués séparément et rassemblés dans un vaste endroit. Ils ne peuvent pas penser, se mouvoir ou marcher seuls parce que les bébés non sauvés gardent les mêmes caractéristiques et la même conscience que celles qu'ils possèdent au moment de leur mort.

De plus, ils ne comprennent pas pourquoi ils sont en enfer parce qu'ils n'ont aucune connaissance enregistrée dans leur cerveau. Ils pleurent seulement d'instinct sans connaître leur mère ou leur père. Un messager de l'enfer peut piquer un enfant au ventre, au bras, à la jambe, à l'œil, à l'ongle de la main ou du pied avec un objet pointu qui ressemble à une vrille.

L'enfant pousse alors un cri perçant et le messager de l'enfer se contente de rire du bébé avec plaisir. Malgré qu'ils crient constamment, personne ne prend soin de ces bébés. Leurs cris continuent jusqu'à l'épuisement et la douleur intense. De plus, les messagers de l'enfer se réunissent parfois, choisissent un bébé et lui insufflent de l'air comme avec un ballon. Ils le lancent ensuite, le frappent ou jouent à le saisir pour le plaisir. Combien cela est-il cruel et horrible?

Des fœtus oubliés sont privés de chaleur et de confort

Quel est le sort de fœtus qui meurent avant leur naissance? Comme je vous l'ai déjà dit, la plupart d'entre eux sont sauvés, mais il y a certaines exceptions. Certains fœtus ne peuvent pas être sauvés, parce qu'ils sont conçus avec la pire des natures héritée de leurs parents qui se sont sérieusement rebellés contre Dieu et ont pratiqué des œuvres particulièrement mauvaises. Les âmes des fœtus non sauvés sont également confinées dans un même endroit comme celles des enfants sevrés.

Ils ne sont pas torturés aussi sévèrement que les âmes des gens plus âgés parce qu'ils n'avaient pas de conscience et n'ont commis aucun péché au moment de leur mort. Leur punition et leur malédiction sont le fait qu'ils demeurent abandonnés sans la chaleur et le confort qu'ils ont connu dans l'utérus de leur mère.

Des carcasses de corps dans l'Hadès

Dans quel état sont les âmes non sauvées dans l'Hadès ? D'une part, si un enfant sevré meurt, il demeure là-bas dans l'état d'un enfant sevré. Si un fœtus meurt dans la matrice de sa mère, il est confiné dans l'Hadès sous la forme d'un fœtus. D'autre part, les âmes sauvées au ciel revêtiront un corps nouvellement ressuscité lors de la seconde venue de Jésus-Christ, et ce malgré qu'elles aient la même apparence que dans ce monde. En ce temps là, tous seront transformés en une jolie personne de 33 ans comme le Seigneur Jésus-Christ et revêtiront un corps spirituel. Une personne petite aura la taille idéale et une personne qui manque un bras ou une jambe verra ces parties de son corps restaurées.

Cependant, les âmes non sauvées en enfer ne peuvent pas revêtir un nouveau corps ressuscité, et cela même après la seconde venue du Sauveur. Elles ne peuvent ressusciter parce qu'elles n'ont pas la vie obtenue en Jésus-Christ, et elles sont donc dans le même état qu'elles avaient au moment de leur mort. Leurs visages sont pales et bleu foncé – comme des cadavres – et leurs cheveux sont dressés à cause de l'horreur de l'enfer. Certains portent des guenilles, d'autres seulement quelques vêtements, et d'autres encore n'ont rien pour couvrir leur corps.

Au ciel, les âmes sauvées portent de merveilleuses robes blanches et de larges couronnes. De plus, l'éclat des robes et des décorations est différent selon la gloire et le prix de chacun. Inversement, en enfer, l'apparence des âmes non sauvées diffère selon l'ampleur et la catégorie de leurs péchés.

Les tout petits

Les bébés nouveaux-nés grandissent et apprennent à se lever, gazouillent et marmonnent quelques mots. Quand ces tout-petits meurent, quel genre de punition leur sera-t-elle infligée?

Les tout-petits sont aussi regroupés dans un seul endroit. Ils souffrent instinctivement, parce qu'ils n'étaient pas capables de penser logiquement, ni de juger les choses clairement au moment de leur mort.

Les tout-petits pleurent leurs parents dans une horreur insupportable

Les tout-petits n'ont que deux ou trois ans. Ils ne

reconnaissent donc même pas leur mort et ne savent pas pourquoi ils sont en enfer, mais ils se souviennent encore de leur mère et de leur père. C'est pourquoi ils crient constamment «où es-tu maman? Papa? Je veux rentrer à la maison! Pourquoi suis-je ici?»

Lorsqu'ils vivaient dans ce monde, leur maman venait rapidement et les portait tendrement dans ses bras, lorsque par exemple, ils tombaient et se blessaient les genoux. Cependant, leur mère ne vient pas les réconforter, même s'ils hurlent et pleurent lorsque leurs corps sont trempés dans le sang. Un enfant n'éclate-t-il pas en sanglots lorsqu'il perd sa mère dans un supermarché ou un grand magasin?

Ils ne peuvent pas trouver leurs parents qui les protègeront de cet horrible enfer. Ce fait seulement est suffisamment effrayant pour les conduire dans une horreur insupportable. De plus les voix menaçantes et les rires grotesques des messagers de l'enfer obligent les bébés à pleurer même plus fort, mais tout est inutile.

Pour tuer le temps, les messagers de l'enfer frappent le derrière des touts petits, les piétinent ou les fouettent. Alors, les tout-petits choqués et blessés essaient de s'accroupir ou de fuir loin d'eux. Cependant, dans un endroit aussi encombré, les tout-petits ne peuvent pas fuir et dans un désordre de pleurs et de gémissements, ils sont attachés ensemble, piétinés, blessés et déchirés et leur sang coule partout. Dans ces circonstances misérables, les enfants sont constamment en larmes parce qu'ils veulent leur mère, ont faim et sont horrifiés. De telles conditions représentent déjà «l'enfer» pour ces enfants.

Il est difficile pour des enfants de deux ou trois ans d'avoir commis de sérieux péchés ou crimes. Malgré ce fait, ils sont misérablement punis comme si c'était le fait de leur péché originel ou des péchés qu'ils avaient eux même commis. Alors, imaginez-vous comment des adultes qui commettent des péchés plus graves que des enfants sont punis en enfer?

Cependant, chacun peut être libéré de la punition en enfer simplement en acceptant Jésus-Christ qui est mort à la croix et nous a racheté et en vivant dans la lumière. Il peut être conduit au ciel puisque ses péchés du passé, du présent et du futur sont pardonnés.

Les enfants en âge de marcher et parler

Les tout-petits qui apprennent à marcher et marmonner un ou deux mots, courent et parlent bien lorsqu'ils atteignent l'âge de trois ans. Quel genre de punition, ces tout-petits entre trois et cinq ans recevraient-ils en enfer?

Les messagers de l'enfer les poursuivent avec des lances

Les enfants entre trois et cinq ans sont séparés dans un endroit vaste et sombre et abandonnés là pour être punis. Ils courent de toutes leurs forces partout où ils peuvent pour échapper aux messagers de l'enfer qui les pourchassent avec des tridents dans la main.

Un trident est une lance dont l'extrémité est divisée en trois parties. Les messagers de l'enfer pourchassent les âmes de ces enfants en les perçant de leurs lances de la même manière qu'un chasseur poursuit son gibier. Finalement, ces enfants arrivent à une falaise et loin dans le bas, ils voient de l'eau bouillir comme de la lave d'un volcan en activité. D'abord, ces enfants hésitent à sauter de la falaise, mais sont finalement forcés de sauter dans l'eau bouillante afin d'éviter les messagers de l'enfer qui les chassent. Ils n'ont pas d'autre option.

Se battre pour sortir de l'eau bouillante

Les enfants ont pu éviter d'être transpercés par les lances dans les mains des messagers de l'enfer, mais maintenant, ils sont dans l'eau bouillante. Pouvez-vous imaginer combien cela doit être douloureux? Les enfants se battent pour avoir ne fut ce que leur visage au dessus de l'eau bouillante, parce qu'elle pénètre dans leurs narines et leur bouche. Lorsque les messagers voient cela, ils se moquent des enfants en disant «n'est ce pas amusant?» ou «oh ceci est réjouissant!» Alors les messagers crient «qui a laissé ces enfants tomber en enfer? Conduisons leurs parents sur le chemin de la mort, amenez les ici lorsqu'ils meurent, afin qu'ils voient leurs enfants souffrir et être tourmentés!»

A ce moment, les enfants qui se battent pour sortir de l'eau bouillante sont pris dans un large filet comme des poissons pris dans le filet, et ils sont rejetés à l'endroit d'où ils ont commencé à s'enfuir. A partir de ce moment, le processus douloureux de ces enfants qui s'enfuient, poursuivis par les messagers de l'enfer avec des lances et puis qui sautent dans l'eau bouillante est répété à nouveau et encore, sans fin.

Ces enfants n'ont que de trois à cinq ans, ils ne peuvent pas bien courir. Cependant ils essaient de courir aussi vite qu'ils le peuvent pour échapper à la poursuite des messagers de l'enfer qui les suivent avec des lances et ils arrivent à la falaise. Ils sautent dans l'eau bouillante et à nouveau se battent pour en sortir. Ils sont alors pris dans un large filet et ramenés au lieu de départ. Cette routine est répétée sans fin. Combien cela est il misérablement tragique!

Avez-vous déjà brûlé votre doigt sur un récipient brûlant ou une bouilloire. Alors vous vous souvenez certainement combien cela était chaud et douloureux. Imaginez maintenant que votre corps entier soit inondé d'eau bouillante, ou que vous soyez submergés par l'eau bouillante dans une grande marmite. C'est douloureux et terrible, rien que d'y penser.

Si vous avez déjà été brûlé au troisième degré, vous pouvez vous rappeler combien cela était extrêmement douloureux. Vous pouvez aussi vous rappeler la chair interne colorée, l'odeur de la chair brûlée et la terrible et infecte odeur pourrissante des cellules mortes dans cette chair brûlée.

Même si la partie brûlée est guérie, souvent de vilaines cicatrices subsistent. Beaucoup de gens ont difficile d'avoir une relation avec des personnes qui ont de telles cicatrices. Parfois les membres même de la famille de ces victimes se sentent incapables de manger avec elles. Pendant la durée du traitement, le patient peut ne pas supporter les démangeaisons de la chair brûlée et dans les pires cas, un tel patient développe des désordres mentaux ou se suicide à cause de la sensation d'étouffement et l'agonie qui accompagnent le traitement. Lorsqu'un enfant souffre d'une brûlure, le cœur de ses parents ressent aussi la douleur.

Cependant, la pire des brûlures dans ce monde n'est pas comparable à la punition que les âmes des enfants non sauvés vont recevoir sans cesse en enfer. L'intensité de la douleur et la cruauté des punitions infligées à ces enfants en enfer sont simplement au-delà de toute imagination.

Aucun endroit où fuir ces punitions répétitives

Les enfants courent et courent pour échapper aux messagers de l'enfer qui les poursuivent avec des lances à trois extrémités dans leurs mains, et ils tombent dans l'eau bouillante d'une colline sans issue. Ils sont totalement immergés dans l'eau bouillante. L'eau bouillante colle au corps comme de la lave visqueuse avec une puanteur infecte. De plus l'eau visqueuse et révoltante entre dans leurs narines et leur bouche pendant qu'ils luttent pour sortir de la piscine d'eau bouillante. Comment ceci peut il être comparé à n'importe quelle brûlure dans ce monde, quelle qu'en soit la gravité ?

Les sens de ces enfants ne sont pas émoussés, même s'ils sont tourmentés continuellement de manière répétée. Ils ne peuvent devenir fous, faire semblant d'oublier ou devenir insensibles à la douleur, même pour un moment, ou bien se suicider pour échapper à la douleur en enfer. Combien ceci est misérable !

Ceci est comment les enfants de trois, quatre ou cinq ans souffrent d'un terrible niveau de douleur en Hadès comme punition pour leurs péchés. Pouvez-vous dès lors, imaginer le genre et l'intensité des punitions qui sont réservées pour les gens plus âgés dans d'autres parties de l'enfer?

Les enfants de six à douze ans

Quel genre de punition sera infligé aux enfants non sauvés de six à douze ans dans l'Hadès?

Ensevelis sous une rivière de sang

Depuis la création du monde, un nombre incalculable d'âmes ont versé leur sang tout en étant terriblement tourmentés dans l'Hadès. Quelle quantité de sang peuvent-ils avoir versé, alors que leurs bras et leurs jambes étaient restaurés immédiatement après avoir été coupés?

La quantité de leur sang est suffisante pour créer une rivière parce que leur punition est répétée sans arrêt, sans tenir compte de la quantité de sang déjà versée. Même dans ce monde, après une grande guerre de massacre, le sang des hommes forme une petite mare ou un petit ruisseau. Dans une telle situation, l'air est saturé d'une odeur écoeurante provenant du sang qui pourrit. Pendant les chaudes journées d'été, l'odeur est pire, et toutes sortes d'insectes nuisibles grouillent et des maladies infectieuses deviennent épidémiques.

Dans l'Hadès de l'enfer, il n'y a pas de petite mare ou de petit ruisseau, mais une large et profonde rivière de sang. Les enfants de l'âge de six à douze ans sont punis sur la berge et enterrés là.

Au plus le péché qu'ils ont commis est grave, au plus près de la rivière et au plus profondément ils sont enterrés.

Creusant le sol

Les enfants qui sont loin de la rivière de sang ne sont pas enterrés dans le sol. Cependant ils sont tellement affamés qu'ils ne cessent de creuser le sol de leurs mains nues à la recherche de quelque nourriture. Ils creusent désespérément et en vain, jusqu'à ce qu'ils perdent leurs ongles et que le bout de leurs doigts devient un moignon. Leurs doigts sont réduits à la moitié de leur taille normale et inondés de sang. Même les os de leurs doigts sont à nu. Eventuellement, les paumes de leurs mains et leurs doigts deviennent usés. Malgré cette douleur, ces enfants sont forcés de creuser dans un espoir vain de trouver de la nourriture.

Lorsque vous vous approchez de la rivière, vous pouvez facilement remarquer que les enfants sont plus mauvais. Au plus ils sont mauvais, au plus près de la rivière ils sont placés. Ils se battent même entre eux afin de mordre la chair de l'autre à cause d'une faim extrême, tandis qu'ils sont enterrés jusqu'à la taille dans le sol.

Les enfants les plus méchants sont punis près du bord de la rivière et ils sont enterrés dans le sol jusqu'au cou. Les gens de ce monde peuvent mourir lorsqu'ils sont enterrés jusqu'au cou dans le sol, parce que le sang ne peut pas circuler dans leur corps. Le fait qu'il n'y a pas de mort signifie seulement une agonie sans fin pour les âmes non sauvées punies en enfer.

Ils souffrent de l'odeur pestilentielle de la rivière. Toutes sortes d'insectes nuisibles de la rivière, comme des moustiques et des mouches mordent le visage des enfants, mais ils ne peuvent pas chasser les insectes parce qu'ils sont enterrés dans le sol. Finalement, leurs visages deviennent gonflés au point qu'ils ne sont plus reconnaissables.

Misérables enfants : jouets des messagers de l'enfer

Ceci n'est en aucun cas la fin des souffrances des enfants. Leurs tympans peuvent être rompus à cause des rires stridents des messagers de l'enfer qui se reposent sur la berge, riant et parlant les uns avec les autres. Les messagers de l'enfer, lorsqu'ils se reposent, piétinent aussi ou s'assoient sur la tête de ces enfants enterrés dans le sol.

Les vêtements et les chaussures des messagers de l'enfer sont équipés d'objets tranchants. Donc les têtes de ces enfants sont écrasées, leurs visages déchirés, ou bien leurs cheveux sont arrachés par mèches lorsque les messagers de l'enfer piétinent ou s'assoient sur ces enfants. De plus, les messagers frappent les visages des enfants ou écrasent leurs têtes sous leurs pieds. Quelle punition cruelle!

Vous pourriez vous poser la question, «est-il possible pour des enfants d'école primaire d'avoir commis suffisamment de péchés pour recevoir une punition aussi cruelle?» Cependant, aussi jeunes soient ils, ces enfants ont le péché originel et les péchés qu'ils ont délibérément commis. La loi spirituelle qui dit que «le salaire du péché est la mort», est applicable de manière universelle à chaque personne, sans égard pour leur âge.

Les jeunes qui ont conspué le prophète Elisée

2 Rois 2 :23-24 montre une scène dans laquelle le prophète Elisée est monté de Jéricho à Béthel. Tandis que le prophète marchait sur la route, certains jeunes sont venus de la ville et l'ont conspué en disant «Monte chauve! Monte chauve!» Ne pouvant plus le supporter, Elisée finit par maudire les enfants. Deux ours femelle sont sortis et déchirèrent quarante deux de ces enfants. Que croyez vous qu'il soit arrivé à ces quarante deux enfants dans l'Hadès?

Enterrés jusqu'au cou

Deux ours femelle ont déchiré quarante deux enfants. Vous pouvez dès lors imaginer combien d'enfants ont suivi et se sont moqué du prophète. Elisée était un prophète qui a accompli beaucoup de puissantes œuvres de Dieu. En d'autres termes, Elisée n'aurait pas pu les maudire s'ils s'étaient moqués de lui avec seulement quelques paroles.

Ils ont continué à se moquer de lui en disant «monte chauve!» De plus, ils lui ont lancé des pierres et l'ont piqué avec un bâton. Le prophète Elisée a dû d'abord les exhorter sérieusement et les gronder, mais il n'a dû les maudire que parce qu'ils étaient trop mauvais pour être pardonnés.

Cet incident a eu lieu il y a plusieurs milliers d'années, lorsque les gens avaient une meilleure conscience et que le mal ne régnait pas autant qu'aujourd'hui. Ces enfants devaient avoir été suffisamment méchants pour se moquer et conspuer un vieux prophète comme Elisée qui a manifesté les œuvres puissantes de Dieu.

En Hadès, ces enfants sont punis près de la rivière de sang, enterrés jusqu'au cou. Ils suffoquent à cause de l'odeur pestilentielle de la rivière et sont également mordus par toutes sortes d'insectes nuisibles. De plus, ils sont cruellement tourmentés par les messagers de l'enfer.

Les parents doivent diriger leurs enfants

Comment se comportent les enfants de notre époque? Certains d'entre eux laissent leurs amis dans le froid, prennent leur allocation ou leur argent de poche, les frappent et les brûlent même avec des mégots de cigarettes - uniquement parce qu'ils ne les aiment pas. Certains enfants se suicident même parce qu'ils ne peuvent plus supporter de tels harcèlements répétés et cruels. D'autres enfants constituent des bandes organisées alors qu'ils sont toujours à l'école élémentaire, et tuent même, en imitant un criminel notoire.

C'est pour cela que les parents doivent élever leurs enfants de manière à éviter qu'ils ne se conforment aux standards de ce monde et les conduisent au contraire, à développer et vivre une vie fidèle, craignant Dieu. Combien désolés serez-vous si vous entrez dans le ciel et que vous voyez vos enfants tourmentés en enfer? C'est tellement épouvantable, rien que d'y penser.

Vous devez donc élever vos précieux enfants pour qu'ils vivent dans la foi, en accord avec la vérité. Par exemple, vous devez enseigner à vos enfants à ne pas tourner à gauche et à droite pendant un culte de louange, mais de prier et de louer de tout leur cœur, intelligence et âme. Même les nourrissons, qui ne peuvent pas comprendre ce que dit leur mère, dorment bien, sans pleurer pendant le culte d'adoration, lorsque leur mère prie pour eux et les élève dans la foi. Ces bébés aussi auront une récompense pour leur comportement au ciel.

Les enfants de trois et quatre ans peuvent adorer Dieu et prier lorsque leurs parents les enseignent à en faire une règle. La profondeur de la prière peut être différente d'âge en âge. Les parents peuvent enseigner à leurs enfants à augmenter leur temps de prière petit à petit, par exemple de cinq à dix minutes, à trente minutes, à une heure et ainsi de suite.

Peu importe leur jeune âge, lorsque les parents leur enseignent la parole en tenant compte de leur âge et de leur niveau de compréhension, et les engagent à vivre selon cette parole, les enfants feront généralement plus d'efforts pour adhérer à la parole de Dieu et pour vivre de manière à Lui être agréable. Ils confesseront et se repentiront aussi de leurs péchés dans les larmes lorsque le Saint Esprit travaille en eux. Je vous exhorte à leur enseigner correctement qui est Jésus et à les conduire à grandir dans la foi.

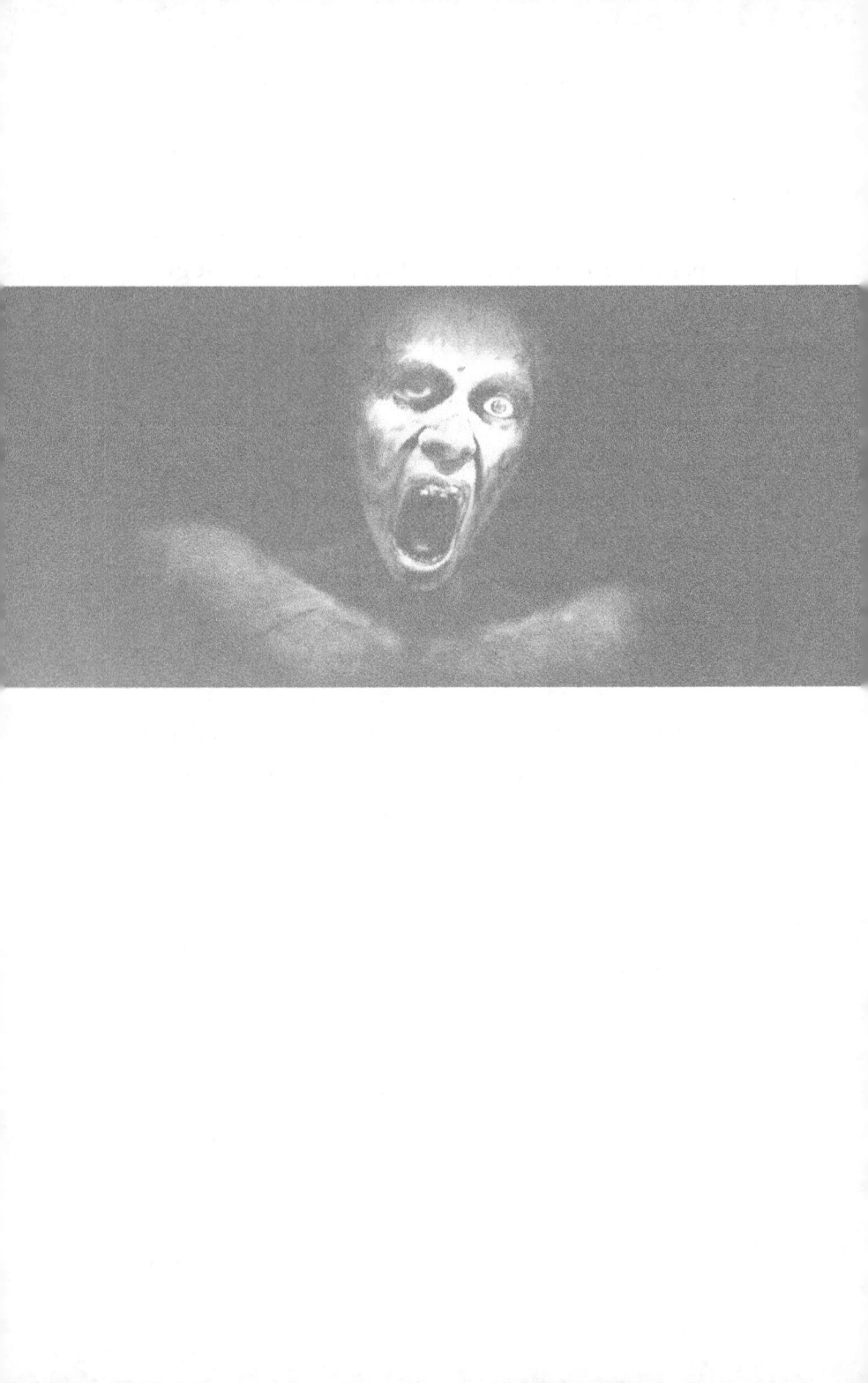

Chapitre 5

Punition pour les gens qui meurent après la puberté

Le premier niveau de punition
Le second niveau de punition
La punition de Pharaon
Le troisième niveau de punition
La punition de Ponce Pilate
La punition de Saül, le premier Roi d'Israël
Le quatrième niveau de punition pour Judas Iscariote

Ta magnificence est descendue dans le séjour des morts, Avec le son de tes luths; Sous toi est une couche de vers, Et les vers sont ta couverture.
- Ésaïe 14:11 -

Comme la nuée se dissipe et s'en va, Celui qui descend au séjour des morts ne remontera pas;
- Job 7:9 -

Quiconque entre dans le ciel recevra différentes récompenses et gloire selon ses œuvres dans cette vie. Inversement, différentes punitions sont infligées dans l'Hadès aux personnes selon leurs mauvaises œuvres dans cette vie. Les gens en enfer souffrent d'une terrible quantité de douleurs persistantes, et la sévérité de la douleur et de l'agonie diffèrent de l'un à l'autre selon ses propres œuvres pendant sa vie. Un homme, qu'il finisse au ciel ou en enfer, récoltera ce qu'il aura semé.

Au plus vous avez commis de péchés, au plus profonde sera la partie de l'enfer où vous entrerez, et au plus grave vos péchés, au plus agonisante sera votre douleur en enfer. La sévérité des punitions que vous subirez sera déterminée conformément à la manière où vous vous êtes opposé au cœur de Dieu – en d'autres termes, combien vous ressemblez à la nature pécheresse de Lucifer.

Galates 6 :7-8 nous dit *«Ne vous y trompez pas ; on ne se moque pas de Dieu. Ce qu'un homme aura semé, il le moissonnera aussi. Celui qui sème pour sa chair, moissonnera de la chair la corruption ; mais celui qui sème pour l'Esprit, moissonnera de l'Esprit la vie éternelle.»* De cette manière, vous moissonnerez certainement ce que vous aurez semé.

Quels genres de punitions recevront en Hadès ceux qui meurent après les années de puberté? Dans ce chapitre, je discuterai de quatre niveaux de punition en Hadès infligés aux âmes selon leurs œuvres dans cette vie. Parallèlement, veuillez comprendre que je ne puis entrer dans des détails trop précis, parce qu'un fardeau supplémentaire serait ajouté à l'intensité de votre peur.

ENFER

Le premier niveau de punition

Certaines âmes sont forcées à se tenir debout sur du sable qui est sept fois plus chaud que le sable dans les déserts et les plages de ce monde. Ils ne peuvent pas échapper aux souffrances parce que c'est comme s'ils se trouvaient au milieu d'un grand désert

Avez-vous jamais marché pieds nus, sur du sable brûlant, par une chaude journée d'été? Vous ne pouvez même pas supporter la douleur, même si vous essayez de marcher sur une plage pieds nus pendant une chaude journée d'été, pendant dix ou quinze minutes. Le sable dans les parties tropicales du monde est même beaucoup plus chaud. Gardez en mémoire que le sable dans l'Hadès est sept fois plus chaud que le plus chaud des sables dans ce monde.

Pendant mon pèlerinage en Terre Sainte, au lieu de prendre un tram, j'ai essayé de marcher sur la route asphaltée sur le chemin de la mer morte. J'ai commencé à courir vite avec deux autres pèlerins qui m'avaient accompagné dans ce voyage. Au début, il n'y avait pas de douleur, mais à mi-chemin, j'ai ressenti des sensations de brûlures sous mes deux semelles. Malgré que je voulais échapper aux souffrances, il n'y avait nulle part où aller ; de chaque côté de la route, il y avait des champs ou du gravier qui étaient tout aussi chauds.

Nous avons terminé en courant vers le bout de la route où nous fûmes capables de plonger nos pieds dans l'eau froide d'une piscine toute proche. Heureusement, personne d'entre nous ne fut brûlé. Cette course n'a duré que dix minutes environ, mais elle a été suffisante pour nous faire ressentir une intolérable sensation de douleur. Imaginez vous alors, que vous serez obligé de rester éternellement sur du sable qui est sept fois plus chaud que le plus chaud des sables sur cette terre. Peu importe l'insupportable chaleur du sable, il n'y a sûrement aucune possibilité de réduction ou de fin de la punition. Et pourtant, il s'agit là de la plus légère de toutes les punitions dans l'Hadès.

Il y a une autre âme qui est torturée d'une manière différente. Elle est obligée de se coucher sur un lourd rocher, qui a été chauffé au rouge, et elle reçoit la punition d'être grillée perpétuellement, sans fin. La scène ressemble à de la viande qui est grillée sur un grill grésillant. A ce moment, un autre rocher qui a aussi été chauffé au rouge est précipité sur son corps, en l'écrasant complètement. Imaginez des vêtements que vous repassez : la planche à repasser est le rocher sur lequel le vêtement – l'âme condamnée – est couché, et le fer est le second rocher pressant le vêtement.

La chaleur est une partie de la torture ; les parties du corps qui sont écrasées en est une autre. Les membres sont brisés en morceaux par la pression entre les rochers. La pression est suffisante pour fracasser ses côtes et les organes internes. Lorsque son crâne est écrasé, les globes oculaires sautent en dehors de leurs orbites et tous les liquides du crâne jaillissent.

Comment une telle souffrance peut elle être décrite ? Malgré qu'il s'agisse d'une âme sans forme physique, elle peut ressentir et endurer la terrible intensité de douleur de la même manière qu'elle la ressentait dans cette vie. Elle est dans une agonie permanente. Parmi les cris des autres âmes tourmentées, cette âme enfermée dans sa propre peur et l'horreur se lamente et s'écrie «Comment puis-je échapper à ce tourment?»

Le second niveau de punition

Au travers de l'histoire de l'homme riche et de Lazare dans Luc 16 :19-31, nous pouvons avoir un aperçu de la misère de l'Hadès. Par la puissance du Saint Esprit, j'ai pu entendre la lamentation d'un homme qui était tourmenté dans l'Hadès. En écoutant la confession suivante, je prie que vous puissiez sortir de votre somnolence spirituelle.

> Je suis ballotté ici et là
> Mais il n'y a pas de fin
> Je cours et je cours,
> mais il n'y a pas de fin.
> Je ne puis trouver nulle part un endroit où me cacher.
> Ma peau est écorchée dans cet endroit,
> rempli de la plus insupportable odeur.
> Les insectes grignotent ma chair.
> J'essaie de fuir et de fuir loin d'eux,
> mais je reste toujours au même endroit.
> Ils continuent à mordre et à manger mon corps ;
> ils sucent mon sang.
> Je tremble de terreur et de peur.
> Que dois-je faire?
>
> S'il vous plait, je vous en supplie,

laissez les gens savoir ce qui m'arrive.
Parlez-leur de mon tourment
afin qu'ils ne finissent pas ici.
Je ne sais vraiment pas quoi faire.
Dans cette grande peur et terreur,
je ne puis que gémir.
Il est inutile de chercher un refuge.
Ils égratignent mon dos.
Ils mordent mes bras.
Ils m'écorchent la peau.
Ils mangent mes muscles.
Ils sucent mon sang.
Quand cela sera terminé,
je serai précipité dans l'étang de feu.
Que puis-je faire ?
Que dois-je faire ?

Malgré que je ne croyais pas en Jésus comme mon Sauveur,
Je croyais que j'étais un homme de bonne conscience.
Jusqu'à ce que je sois précipité en Hadès,
Je n'avais jamais réalisé
que j'avais commis tant de péchés !
Maintenant, je ne fais que regretter et regretter
pour les choses que j'ai faites.
S'il vous plait, faites en sorte
qu'il n'y ait plus de gens comme moi.
Beaucoup de gens ici, pendant qu'ils vivaient,
Croyaient qu'ils menaient de bonnes vies.

ENFER

Mais ils sont tous ici.
Beaucoup qui ont confessé
qu'ils croyaient et qui croyaient qu'ils vivaient
Selon la volonté de Dieu sont également ici
Et ils sont torturés plus cruellement que moi.

Je souhaite
que je puisse faire semblant d'oublier les souffrances
Même pour un instant, mais je ne le puis pas.
Je ne puis me reposer, même en fermant mes yeux.
Lorsque j'ouvre les yeux,
rien ne peut être vu et rien n'est tangible.
Tandis que je continue à courir çi et là,
je suis toujours à la même place.
Que puis-je faire ?
Que dois-je faire ?
Je vous en prie, faites en sorte
Qu'il n'y ait personne
Qui suive mes traces !

Cette âme est un homme relativement bon, comparé à beaucoup d'autres en Hadès. Il supplie Dieu de faire connaître aux autres ce qui se passe avec lui. Même dans ce tourment extrême, il est inquiet pour les âmes qui pourraient y aller aussi. De la même manière que l'homme riche suppliait pour ses frères afin qu'ils soient prévenus, pour ne pas venir aussi dans ce lieu de tourment, cet âme aussi plaide avec Dieu. (Luc 16)

Cependant, ceux qui tombent dans le troisième ou quatrième

niveau de punition dans l'Hadès, n'ont même pas ce genre de bonté. C'est pourquoi, ils défient Dieu et blâment les autres impitoyablement.

La punition de Pharaon

Pharaon, le roi d'Egypte qui s'est opposé à Moïse reçoit le second niveau de punition, mais l'ampleur de sa punition est à la limite du troisième niveau de punition.

Quel genre de mal a commis Pharaon dans cette vie pour mériter ce genre de punition? Pourquoi fut-il envoyé en Hadès?

Lorsque les Israélites étaient opprimés comme des esclaves, Moïse a été appelé par Dieu pour faire sortir Son peuple d'Egypte et le conduire dans la terre promise de Canaan. Moïse s'est rendu chez Pharaon et lui a demandé de laisser partir les Israélites d'Egypte. Cependant, comprenant la valeur du travail forcé des Israélites, Pharaon refusa de les laisser partir.

Au travers de Moïse, Dieu envoya les dix plaies à Pharaon, ses ministres et son peuple. Les eaux du Nil se changèrent en sang. Des grenouilles, des guêpes et des mouches couvrirent le pays. De plus, Pharaon et son peuple souffrirent de la plaie du bétail, la plaie des furoncles, la grêle, les sauterelles et les ténèbres. Chaque fois qu'ils souffraient d'une plaie, Pharaon promettait à Moïse de laisser les Israélites sortir d'Egypte, uniquement pour éviter d'autres plaies. Cependant, Pharaon a brisé ses promesses et endurcissait continuellement son cœur, chaque fois que Moïse priait son Dieu et que celui-ci retirait les plaies mortelles du pays. Pharaon laissa finalement partir les Israélites, uniquement après que les premier nés des égyptiens, depuis l'héritier du trône jusqu'aux enfants des esclaves, et même les premiers nés du bétail, aient été tués.

Cependant, peu de temps après la dernière plaie, Pharaon changea à nouveau d'avis. Lui et son armée poursuivirent les Israélites qui campaient près de la mer rouge. Les Israélites étaient terrifiés et criaient à Dieu. Moïse leva son bâton et tendit sa main vers la Mer Rouge. Alors un miracle eut lieu. La Mer Rouge fut divisée en deux par la puissance de Dieu. Les Israélites traversèrent la Mer Rouge à sec et les égyptiens les suivirent dans la Mer. Lorsque Moïse étendit à nouveau la main vers la mer, de l'autre côté de la Mer Rouge, *«Les eaux revinrent, et couvrirent les chars, les cavaliers et toute l'armée de Pharaon, qui étaient entrés dans la mer après les enfants d'Israël ; et il n'en échappa pas un seul.»* (Exode 14 :28)

Dans la Bible, de nombreux rois qui avaient une bonne nature ont cru et adoré Dieu. Cependant, Pharaon avait un cœur endurci, malgré qu'il ait expérimenté dix fois la puissance de Dieu. En conséquence, Pharaon a connu de sévères désastres tels que la mort de son propre héritier au trône, la destruction de son armée et la destitution de sa nation.

De nos jours, les gens entendent parler du Dieu Tout Puissant et immédiatement témoignent de Sa puissance. Ils endurcissent cependant leur cœur de la même manière que le fit Pharaon. Ils n'acceptent pas Jésus comme leur Sauveur personnel. De plus, ils refusent de se repentir pour leurs péchés. Que va-t-il se passer avec eux s'ils persévèrent à vivre de la manière dont ils le font actuellement ? Ils recevront probablement le même niveau de punition que Pharaon dans l'Hadès.

Qu'est il arrivé à Pharaon en Hadès ?

Pharaon confiné dans de l'eau croupie

Pharaon est confiné dans un bassin d'eau croupie, remplie de puanteur. Son corps est attaché dans le bassin de façon à ce qu'il ne puisse pas bouger. Il n'est pas seul, mais il y a d'autres âmes qui sont confinées pour un même niveau de péché.

Le fait qu'il ait été un roi ne lui donne pas droit à un meilleur traitement en Hadès. Au contraire, parce qu'il était dans une position d'autorité, arrogant et servi par les autres, et qu'il a connu une vie abondante, les messagers de l'enfer se moquent de Pharaon et le torturent même plus sévèrement.

Le bassin dans lequel Pharaon est placé n'est pas seulement rempli d'eau croupie. Avez-vous jamais vu des pièces d'eau polluées et pourries par les égouts ? Qu'en est il des ports où les bateaux sont amarrés ? De tels endroits sont remplis de mazout, d'ordures et de déchets. Il semble impossible qu'une forme de vie quelconque puisse subsister dans un tel environnement. Si vous deviez y tremper une main, vous auriez peur d'avoir été contaminé par tous les dégoûtants ingrédients de cette eau.

Pharaon se retrouve dans cette prison. De plus, cette eau est remplie d'un nombre incalculable d'insectes qui donnent la chair de poule. Ils ressemblent à des larves, mais sont beaucoup plus grands.

Les insectes mordent les parties les plus tendres du corps

Ces insectes s'approchent des âmes qui sont attachées dans ce bassin, et commencent à mordre les parties les plus tendres de leur corps. Ils rongent les yeux, et par les orbites, ils entrent dans le crâne et commencent à mordre le cerveau lui-même. Pouvez-vous vous imaginer combien cela est douloureux ? Finalement ils mordent partout de la tête aux pieds. A quoi pouvons-nous comparer cette agonie ?

Combien cela fait mal lorsqu'une poussière pénètre dans votre œil ? Combien plus douloureux cela doit être si un insecte commençait à mordre vos yeux. Pourriez-vous supporter la douleur pendant que ces insectes creusent tout votre corps ?

Maintenant, supposez qu'une aiguille est glissée sous vos ongles ou perce le bout de vos doigts. Ces insectes continuent à peler la peau et à manger la chair jusqu'à ce que les os soient à nu. Ces insectes ne s'arrêtent pas à la base de votre main, ils continuent avec le bras et l'épaule, descendent vers la poitrine, l'abdomen, les jambes et les pieds. Les âmes confinées doivent supporter cette torture et la douleur qui l'accompagne.

Les insectes mordent continuellement les organes internes

La plupart des femmes, quand elles voient des larves, sont

effrayées par elles et désirent encore moins les toucher. Imaginez maintenant des insectes plus effrayants et plus gros que des larves qui torturent les âmes condamnées. D'abord les insectes percent leurs corps au travers de l'abdomen. Ensuite, ils commencent à manger la chair des cinq viscères et des six entrailles. Les insectes sucent ensuite le fluide du cerveau. Pendant tout ce temps les âmes condamnées ne peuvent pas combattre ni fuir ces terribles insectes.

Les insectes continuent à mordre leur corps, petit à petit, pendant que les âmes voient leurs corps être mordus et dévorés. Si nous subissons cette torture ne fut ce que dix minutes, nous deviendrons fous. Une de ces âmes condamnées dans cet endroit est Pharaon, qui a défié Dieu et Son serviteur Moïse. Il doit endurer cette douleur agonisante tout en étant éveillé, témoin vivant, voyant les parties de son corps être mordues et dévorées.

Après que les insectes ont mangé un corps, est ce la fin de la torture ? Non. Après un temps très court, les parties dévorées des corps sont parfaitement restaurées, et les insectes reviennent vers cette âme recommençant à mordre diverses parties de son corps. Il n'y a pas de fin à ceci. La douleur ne diminue pas et on ne s'habitue pas – devenir engourdi – à la torture.

Ceci est comment fonctionne le monde spirituel. Au ciel, si les enfants de Dieu mangent du fruit d'un arbre, ce fruit est restauré. De même en Hadès, peu importe le nombre de fois et de quelle manière les insectes mordent vos corps, chaque partie de ce corps est restaurée immédiatement après avoir été détruite et désintégrée.

Même si on a mené une vie honnête et consciente

Parmi les gens honnêtes, il y a ceux qui ne veulent pas ou ne choisissent pas d'accepter Jésus et l'évangile. Vu de l'extérieur, ils semblent bons et nobles, mais ils ne sont ni bons, ni nobles selon la vérité.

Galates 2 :16 nous rappelle *«Néanmoins, sachant que ce n'est pas par les œuvres de la loi que l'homme est justifié, mais par la foi en Jésus-Christ, nous aussi nous avons cru en Jésus-Christ, afin d'être justifiés par la foi en Christ et non par les œuvres de la loi, parce que personne ne sera justifié par les œuvres de la loi.»* L'homme juste est celui qui peut être sauvé à cause du nom de Jésus-Christ. Ce n'est qu'alors que ses péchés peuvent être pardonnés par sa foi en Jésus-Christ. De plus, s'il croit en Jésus-Christ, il obéira sûrement à la Parole de Dieu.

Etant donné les nombreuses évidences de Dieu, créateur de l'univers, ainsi que Ses miracles et Sa puissance manifestés au travers de Ses serviteurs, si quelqu'un renie le Dieu Tout Puissant, il n'est rien qu'un homme mauvais, avec une conscience endurcie.

De son propre point de vue, il peut avoir mené une vie honnête. Cependant, s'il persiste à renier Jésus comme son Sauveur personnel, il n'a nulle part où aller si ce n'est l'enfer. Cependant, parce que de tels individus ont mené une vie relativement honnête et bonne, comparée aux méchants qui ont commis des péchés autant qu'ils le désiraient, en suivant leurs désirs pécheurs, ils recevront le premier ou le second niveau de la punition en Hadès.

Parmi ceux qui sont morts sans avoir reçu l'opportunité

même d'entendre l'évangile, s'ils échouent en passant l'examen de conscience, la plupart d'entre eux recevront le premier ou le second niveau de punition dans l'Hadès. Et une âme qui reçoit le troisième ou quatrième niveau de punition dans l'Hadès, vous pouvez assumer qu'ils ont dû être beaucoup plus mauvais et méchants que beaucoup d'autres.

Le troisième niveau de punition

Les troisième et quatrième niveaux de punition sont réservés pour tous ceux qui se sont révoltés contre Dieu, ont vu leur conscience marquée au fer rouge, ont calomnié et blasphémé le Saint Esprit, et se sont opposés à l'établissement et l'expansion du Royaume de Dieu. De plus, ceux qui ont appelé les églises de Dieu « hérétiques », sans preuve valable, reçoivent également le troisième ou quatrième niveau de punition.

Avant de plonger dans le troisième niveau de punition dans l'Hadès, examinons brièvement différentes formes de torture que les hommes ont inventées.

De cruelles tortures conçues par l'homme

Du temps où les droits de l'homme étaient une fantaisie plutôt qu'un souci quotidien, un nombre incalculable de punitions corporelles, comprenant différentes formes de torture ou d'exécution a été conçu et appliqué.

Par exemple, pendant le Moyen-âge en Europe, les geôliers

amenaient un prisonnier dans les sous-sols du bâtiment afin d'obtenir une confession. Pendant le chemin, le prisonnier voyait des traces de sang sur le sol et dans la pièce il voyait différents instruments, préparés pour la torture. Il entendait des cris insupportables qui retentissaient dans tout le bâtiment, et il en était terrorisé.

Une des méthodes les plus communes de torture était de mettre les doigts et les orteils du prisonnier (ou de quiconque devait être torturé), dans de petits cadres de métal. Les cadres de métal étaient alors serrés jusqu'à ce que les doigts et les orteils soient écrasés. Alors, les ongles de ses doigts et de ses pieds étaient arrachés un par un, tandis que le cadre de métal était serré petit à petit.

Si le prisonnier ne faisait pas de confession après ce traitement, il était pendu en l'air par les bras liés dans le dos et son corps était tordu dans toutes les directions. Une douleur supplémentaire était ajoutée à son tourment tandis que son corps était élevé dans les airs et précipité sur le sol à différentes vitesses. Au pire, une lourde pièce de métal était attachée à la cheville du prisonnier tandis qu'il était suspendu en l'air. Le poids du métal était suffisant pour déchirer les muscles et les os de son corps. Si le prisonnier ne faisait toujours pas de confession, de plus horribles et atroces méthodes de torture étaient appliquées.

Le prisonnier était assis sur une chaise spécialement conçue pour la torture. De nombreuses petites pointes étaient plantées dans le dossier et les pieds de la chaise. En voyant cet objet effrayant, le prisonnier essayait de fuir pour sa survie, mais les geôliers plus grands et forts que lui le forçaient à s'asseoir sur la chaise. Instantanément, le prisonnier sentait les pointes qui perçaient son corps.

Une autre sorte de torture était de pendre le prisonnier la tête en bas. Après une heure, sa pression sanguine était hors norme, les vaisseaux sanguins dans son cerveau éclataient et le sang coulait de son cerveau par les yeux, le nez et les oreilles. Il ne pouvait plus voir, ni sentir, ni entendre.

Parfois, le feu était utilisé pour amener le prisonnier à la soumission. Le bourreau s'approchait du prisonnier avec une bougie allumée. Il approchait la bougie des aisselles et des plantes de pied du prisonnier. Les aisselles brûlaient parce qu'il s'agit d'une des parties les plus sensibles du corps humain, et les plantes de pied étaient brûlées parce que la douleur y est plus longue.

A d'autres occasions, le suspect était forcé de mettre ses pieds nus dans des bottes de métal chauffées à blanc. Ensuite le bourreau arrachait la tendre chair. Ou le bourreau arrachait la langue du prisonnier ou brûlait son palais avec des pinces chauffées à blanc. Si le prisonnier était condamné à mort, il était précipité sur une roue qui était conçue pour déchirer son corps en morceaux, pendant que le prisonnier était toujours vivant et conscient. Occasionnellement, ils étaient mis à mort en versant du plomb fondu dans les narines et les oreilles.

Sachant qu'ils ne pourraient pas supporter l'agonie de la torture, beaucoup de prisonniers souvent suppliaient leurs bourreaux pour une mort rapide et sans douleur.

Ceci représente quelques unes des méthodes de torture conçues par les hommes. Une simple imagination est suffisante

ENFER

pour nous effrayer mentalement. Vous pouvez ensuite déjà vous imaginer que les tortures infligées par les messagers de l'enfer, qui sont sous l'autorité directe de Lucifer, sont beaucoup plus agonisantes que toutes les formes de torture jamais conçues par les hommes. Ces messagers de l'enfer n'ont pas de compassion et sont uniquement enchantés lorsqu'ils entendent les âmes crier et gémir de terreur dans l'Hadès. Ils essaient constamment de concevoir de plus cruelles et douloureuses techniques de torture à infliger à ces âmes.

Pouvez-vous accepter d'aller en enfer ? Pouvez vous admettre de voir vos bien aimés, votre famille et vos amis en enfer ? Tous les chrétiens doivent considérer que c'est leur devoir de répandre et de prêcher l'évangile et de sauver même une seule âme supplémentaire de l'enfer.

Que représente alors le troisième niveau de punition ?

I) Des messagers de l'enfer portant d'épouvantables la forme de porcs

Une âme en Hadès est attachée à un arbre, et sa chair est découpée en petits morceaux petit à petit. Peut être pouvez-vous comparer cela à couper un poisson en tranches pour faire du sashimi. Un messager de l'enfer portant une horrible et laide forme prépare la large variété des outils nécessaires. Ces appareils comprennent une large variété d'outils d'un petit poignard à une hache. Ensuite, le messager de l'enfer frotte les outils sur une pierre. Les outils n'ont pas besoin d'être aiguisés parce que le tranchant de chaque instrument en Hadès demeure toujours aussi tranchant que possible. Le réel but de cet acte est de faire encore plus peur à l'âme qui doit être torturée.

Couper la chair, en commençant par le bout des doigts

Lorsque l'âme entend ces outils retentir et lorsque le messager de l'enfer s'approche de lui avec un sourire à donner de la chair de poule, combien elle doit être terrifiée!

«Ce couteau est sur le point de couper ma chair...
Cette hache va bientôt couper mes membres...
Que vais-je faire?
Comment dois-je supporter la douleur?»

L'horreur seule le fait presque suffoquer. L'âme qui ne cesse de se rappeler qu'elle est solidement attachée au tronc d'un arbre, ne peut bouger et sent comme si les cordes perçaient son corps. Au plus elle essaie de s'échapper de l'arbre, au plus les cordes se resserrent autour de son corps. Le messager de l'enfer s'approche d'elle et commence à trancher sa chair, commençant par le bout de son doigt. Une portion de chair, couverte de caillots de sang tombe sur le sol. Les ongles de ses doigts sont arrachés et peu de temps après, les doigts sont coupés à leur tour. Le messager coupe la chair de ses doigts jusqu'au poignet et puis jusqu'à l'épaule. Tout ce qui reste de son bras sont les os. Ensuite le messager descend vers le mollet de l'âme et vers l'intérieur de ses cuisses.

Jusqu'à ce que ses organes internes sont exposés

Un messager de l'enfer commence à couper son abdomen. Lorsque les cinq viscères et les six entrailles sont exposés, il coupe ces organes et les jette. Il prend et arrache également d'autres organes avec ses outils acérés.

Jusqu'à ce point, l'âme a été éveillée et a observé tout le processus : sa chair coupée et ses intestins arrachés. Imaginez que quelqu'un vous a attaché, coupe une partie de votre chair en commençant par le dos de votre main, morceau par morceau, chaque morceau ayant la taille d'un ongle. Lorsque le couteau vous touche, le sang jaillit immédiatement et la souffrance commence instantanément, et aucune parole ne peut correctement dépeindre votre peur. Dans l'Hadès, lorsque vous recevez ce troisième niveau de punition, ce n'est pas seulement un morceau de votre corps ; c'est la peau de votre corps dans son entièreté, de la tête aux pieds, et tous vos intestins qui sont arrachés un par un.

Imaginez à nouveau le *sashimi*, un plat japonais de poisson cru. Le cuisinier a simplement séparé les os et la chair. Et il coupe la chair en tranches les plus fines possible. Le poisson est présenté sous la forme d'un poisson vivant. Le poisson semble toujours être vivant et vous pouvez voir sa bouche remuer. Le chef du restaurant n'a aucune compassion pour le poisson, parce que s'il en avait, il ne pourrait pas faire son travail.

Je vous supplie de maintenir vos parents, votre épouse et vos amis dans la prière. S'ils ne sont pas sauvés et finissent en enfer, ils devront souffrir le tourment de voir leur chair coupée et leurs os grattés par les messagers de l'enfer sans pitié. C'est votre devoir, en tant que chrétien de répandre la bonne nouvelle, parce qu'au jour du Jugement, Dieu nous rendra responsable pour chaque âme que nous aurions pu amener au ciel.

Perçant l'œil de l'âme

Le messager de l'enfer prend cette fois un poinçon au lieu d'un couteau. L'âme sait déjà ce qui va lui arriver parce que ce n'est pas la première fois qu'elle doit l'endurer. Elle a déjà été torturée de cette manière des centaines ou des milliers de fois depuis le jour où elle a été amenée en Hadès. Le messager de l'enfer s'approche de l'âme, perce profondément son œil avec le poinçon, et laisse le poinçon dans l'œil pendant un moment. Combien cette âme doit elle être effrayée lorsqu'elle voit le poinçon s'approcher d'elle de plus en plus près ? L'agonie d'avoir l'œil percé par un poinçon n'est pas descriptible par des mots.

Est-ce la fin de la torture ? Non, le visage de l'âme reste. Le messager de l'enfer coupe maintenant les joues, le nez, le front et le reste du visage. ; il n'oublie pas de couper la peau des oreilles, les lèvres et le cou de l'âme. Le cou, tandis qu'il est entaillé petit à petit, devient de plus en plus mince jusqu'à ce qu'il se détache du torse supérieur. Ceci termine la session de torture, mais cette fin signifie simplement le commencement d'une nouvelle session de torture.

ENFER

On ne peut même pas hurler ou crier

En un peu de temps, les parties du corps qui avaient été coupées sont restaurées, comme si rien ne s'était produit. Pendant que le corps se régénère lui-même, il y a un temps pendant lequel la douleur de l'agonie cesse. Cependant, ce repos rappelle seulement à l'âme les tortures qui l'attendent, et elle commence rapidement à trembler d'une peur incontrôlable. Pendant qu'elle attend la torture, on entend à nouveau le son du frappement. De temps à autre, le messager de l'enfer qui porte une forme haineuse de porc surgit devant lui avec un rire à donner froid dans le dos. Le messager est prêt pour une nouvelle session de torture. Les tourments d'agonie commencent à nouveau. Croyez-vous que vous pouvez supporter cela? Aucune partie de votre corps ne deviendra insensible aux instruments de torture ni à la douleur continuelle. Au plus vous êtes torturés, au plus vous souffrirez.

Un suspect en garde à vue ou un prisonnier sur le point d'être torturé, sait que ce qui l'attend ne durera qu'un moment, mais il va trembler et être secoué d'une peur envahissante. Imaginez alors qu'un messager de l'enfer avec un horrible masque de porc s'approche de vous avec divers outils dans les mains qu'il frappe l'un sur l'autre. La torture sera répétée sans fin : coupant la chair, arrachant les organes internes, perçant les yeux et beaucoup d'autres choses qui vont continuer.

C'est pourquoi une âme dans l'Hadès ne peut pas crier ou supplier le messager de l'enfer pour la vie, la pitié, moins de cruauté ou quoi que ce soit d'autre. Les hurlements des autres âmes, les cris pour la pitié et le claquement des instruments de torture entourent l'âme. Dès que l'âme voit un messager de l'enfer, elle devient pâle et blêmit sans un murmure. De plus, elle sait déjà qu'elle ne peut se libérer de la souffrance jusqu'à ce qu'elle soit jetée dans l'étang de feu après le Jugement du Grand Trône Blanc à la fin des temps (Apocalypse 20 :11). La dure réalité ajoute encore à la douleur qui existe déjà.

II) La punition de gonfler le corps comme un ballon

Quelqu'un qui n'a même qu'un peu de conscience est obligé de se sentir coupable lorsqu'il/elle blesse les sentiments de quelqu'un d'autre. Ou, peu importe comment un individu peut avoir haï quelqu'un d'autre dans le passé, si ce dernier se trouve dans la misère aujourd'hui, un sentiment de pitié arrive tandis que le sentiment de haine diminue, du moins pendant un moment.

Cependant, si la conscience de quelqu'un a été brûlée comme par un fer rouge, cette personne devient totalement insensible à l'agonie des autres et, afin de réaliser ses propres buts, il est prêt à commettre les pires atrocités haineuses.

Les gens traités comme des déchets et des ordures

Pendant la seconde guerre mondiale en Allemagne, sous la dictature nazie, le Japon, l'Italie et d'autres pays, un nombre incalculable de gens furent utilisés vivants pour toutes sortes d'expériences horribles et clandestines ; ces gens avaient en fait remplacé les rats, lapins et autres animaux, généralement utilisés pour ces expériences.

Par exemple, afin de comprendre comment une personne en bonne santé peut réagir, combien de temps il peut résister à l'attaque de divers agents malveillants, quels genres de symptômes accompagnent diverses maladies, des cellules cancéreuses et d'autres maladies furent transplantées. Afin d'obtenir des résultats plus précis, ils coupaient souvent les estomacs ou le crâne d'une personne vivante. Afin de déterminer comment une personne moyenne répond au froid ou à la chaleur extrêmes, ils baissaient rapidement la température d'une pièce ou bien ils augmentaient rapidement la température de l'eau d'un container dans lequel les sujets étaient plongés.

Après que ces « sujets » aient satisfait leurs buts, on les laissait mourir dans l'agonie. Ils faisaient peu de cas de la valeur et de l'angoisse de ces sujets.

Combien cela a dû être cruel et horrible pour beaucoup de prisonniers de guerre ou d'autres pauvres individus qui sont devenus ces sujets notoires, de regarder les parties de leur corps coupées en tranches contre leur volonté, de voir leur corps infecté par diverses cellules et agents mortels et de se voir littéralement mourir ?

Cependant, les âmes en Hadès subissent de plus cruelles méthodes de punition que toutes les expériences sur des corps humains, que les hommes n'aient jamais imaginées. Comme des hommes et des femmes qui ont été créés à l'image et à la ressemblance de Dieu, mais aussi en tant que ceux qui ont perdu leur dignité et leur valeur, ces âmes sont traitées comme des ordures ou des déchets dans l'Hadès.

De la même manière que nous n'avons aucune pitié des ordures, les messagers de l'enfer n'ont aucune pitié ni compassion pour ces âmes. Les messagers du ciel ne se sentent pas coupables pour elles et aucune punition n'est jamais suffisante.

Les os se brisent et la peau éclate

En raison de cela, les messagers de l'enfer voient ces âmes pratiquement comme des jouets. Ils gonfleraient les corps des âmes et se les passeraient du pied de l'un à l'autre.

Il est difficile d'imaginer cette scène : comment le corps long et plat d'un être humain peut-il être gonflé comme un ballon ? Que se passerait-il avec les organes internes ?

Comme les organes internes et les poumons sont gonflés, les côtes et les vertèbres qui protègent ces organes sont dispersées une par une, morceau par morceau. En plus de cela il y a la douleur lancinante et permanente de la peau tendue.

Les messagers de l'enfer jouent avec les corps gonflés de ces âmes non sauvées dans l'Hadès, et lorsqu'ils sont fatigués de ce jeu, ils percent les estomacs des âmes avec des épées aiguisées. De la manière dont un ballon qui était gonflé éclate en morceaux de caoutchouc, lorsqu'il est percé, leur sang et des morceaux de peau sont dispersées dans toutes les directions.

Cependant, après un moment, ces corps des âmes sont totalement restaurés et placés de nouveau à la place initiale de la punition. Combien cela est cruel ? Pendant qu'elles vivaient sur la terre, ces âmes étaient aimées par les autres, jouissaient d'un certain statut social, ou du moins pouvaient réclamer leurs droits humains fondamentaux.

Une fois en Hadès cependant, elles n'ont aucun droit de réclamer quoi que ce soit et elles sont traitées comme du gravier sur le sol ; leur existence n'a aucune valeur.

Ecclésiaste 12 :15-16 nous rappelle :

> *Ecoutons la fin du discours : crains Dieu et observe Ses commandements. C'est là ce que doit faire tout homme. Car Dieu amènera toute œuvre en jugement, au sujet de tout ce qui est caché, soit bien, soit mal.*

Ainsi, selon Son jugement, ces âmes ont été dégradées à devenir de simples jouets avec lesquels jouent les messagers de l'enfer.

A cause de cela, nous devons garder en mémoire que si nous échouons à accomplir le « devoir complet de l'homme », qui est de craindre Dieu et d'obéir à tous Ses commandements, nous ne serons plus reconnus comme des âmes précieuses qui portent l'image et la ressemblance mêmes de Dieu, mais au contraire, d'être soumis aux plus cruelles punitions en Hadès.

La punition de Ponce Pilate

Au moment de la mort de Jésus, Ponce Pilate était un

gouverneur romain dans la région de Judée, aujourd'hui la Palestine. Le jour où il a mis son pied en Hadès, il a reçu le troisième niveau de punition, qui entraîne la flagellation. Pour quelle raison précise, Ponce Pilate est-il tourmenté ?

Malgré qu'il connaissait la justice de Jésus

Etant donné que Pilate était le gouverneur de Judée, sa permission était requise pour crucifier Jésus. En qualité de vice-roi romain, Pilate était chargé de superviser toute la région de Judée, et il avait de nombreux espions en différents endroits qui travaillaient pour lui dans la région. Pilate était donc au courant des miracles innombrables que Jésus avait réalisés, ainsi que de Son message d'amour, Sa guérison des malades, Sa prédication de l'évangile et d'autres choses similaires qui se produisaient pendant que Jésus prêchait l'évangile dans la région que Pilate et Lui habitaient. En plus des rapports que ses espions lui avaient donné, Pilate a conclu que Jésus était un homme bon et innocent.

De plus, parce que Pilate savait que les juifs voulaient désespérément tuer Jésus à cause de leur jalousie, il a fait tous les efforts possibles pour le libérer. Cependant, comme Pilate était aussi convaincu que tenir tête aux juifs allait occasionner un climat d'insécurité social majeur dans sa province, il a fini par livrer Jésus pour qu'Il soit crucifié à la demande des juifs. Si l'insécurité avait éclaté dans sa juridiction, sa propre vie aurait subi le poids de lourdes responsabilités.

En fin de compte, la lâcheté de la conscience de Pilate a

déterminé sa destination après sa mort. De la même manière que les soldats romains ont fouetté Jésus sur l'ordre de Pilate avant Sa crucifixion, Pilate aussi a été condamné à la même punition : une flagellation sans fin par les messagers de l'enfer.

Pilate flagellé chaque fois que son nom est appelé

Ceci est la manière dont Jésus fut flagellé. Le fouet consistait en des pièces de fer ou des os plantés au bout de longues sangles de cuir. A chaque coup, le fouet frappait le corps de Jésus et les os et les pièces de métal à son extrémité perçaient sa chair. A chaque impact, la chair était arrachée de la blessure, que le fouet avait occasionnée, laissant de grandes et profondes entailles.

De la même manière, chaque fois que les gens prononcent son nom dans ce monde, les messagers de l'enfer flagellent Ponce Pilate dans l'Hadès. Pendant chaque culte d'adoration, beaucoup de chrétiens récitent le Credo. Chaque fois que la partie « a souffert sous Ponce Pilate » est prononcée, il est frappé. Chaque fois que des centaines ou des milliers de gens prononcent son nom ensemble, en même temps, le rythme avec lequel il est frappé, ainsi que l'intensité de chaque coup sont drastiquement augmentés. Parfois, d'autres messagers de l'enfer se réunissent autour de Pilate pour se donner un coup de main pour le flageller.

Malgré que le corps de Pilate ait été déchiré en morceaux et couvert de sang, les messagers de l'enfer le flagellent comme s'ils se faisaient concurrence. La flagellation arrache la chair de Pilate,

Punition pour les gens qui meurent après la puberté

expose ses os et met à nu sa moelle des os.

Sa langue est continuellement arrachée

Pendant qu'il est torturé, Pilate crie constamment «s'il vous plait, ne prononcez pas mon nom! Chaque fois qu'il est prononcé je souffre et je souffre encore.»

Cependant, aucun son ne sort de sa bouche. Sa langue a été arrachée, parce qu'avec cette même bouche, il a condamné Jésus à être crucifié. Lorsque vous avez mal, cela aide un tant soit peu de crier et de hurler. Pour Pilate cependant, même cette alternative n'est pas disponible.

Il y a quelque chose de différent avec Pilate. Parce que pour les autres âmes condamnées dans l'Hadès, lorsque différentes parties de leur corps sont arrachées, coupées ou brûlées, ces parties du corps se régénèrent d'elles-mêmes. Cependant, la langue de Pilate a été enlevée en permanence, comme symbole d'une malédiction. Malgré le fait que Pilate supplie et supplie encore les gens de ne pas prononcer son nom, il sera prononcé jusqu'au Jour du Jugement. Au plus son nom est prononcé, au plus ses souffrances augmentent.

Pilate a délibérément commis un péché

Lorsque Pilate a livré Jésus pour qu'il soit crucifié, *«il prit de l'eau, se lava les mains en présence de la foule et dit : je suis innocent du sang de ce juste. Cela vous regarde»* (Matthieu 27 :24). En réponse, les juifs, qui avaient plus que jamais besoin de tuer Jésus, répondirent à Pilate *«que Son sang retombe sur nous et sur nos enfants»* (Matthieu 27 :25).

Que s'est il passé avec les juifs après que Jésus soit crucifié? Ils furent massacrés lorsque la ville de Jérusalem a été prise et détruite par le Général Romain Titus en l'an 70 AJ. Depuis ce temps, ils ont été dispersés partout dans le monde et opprimés dans des pays qui n'étaient pas le leur. Pendant la seconde guerre mondiale, ils furent disséminés dans de nombreux camps de concentration en Europe, où plus de six millions de juifs furent gazés à mort dans les chambres à gaz ou brutalement massacrés. Pendant les cinq premières décennies de son existence en tant qu'état, après l'indépendance de 1948, l'Etat d'Israël a connu en permanence des menaces, la haine et l'opposition armée de ses voisins au Moyen Orient.

Malgré que les juifs ont reçu la rétribution de leurs demande *«que Son sang retombe sur nous et sur nos enfants»*, cela ne veut pas dire que la punition de Pilate en ait été d'une quelconque manière réduite. Pilate a délibérément commis un péché. Il a eu suffisamment d'opportunités de ne pas commettre ce péché, mais il l'a fait malgré tout. Même sa femme, avertie dans un rêve a pressé Pilate de ne pas faire tuer Jésus. Ignorant sa propre conscience et le conseil de sa femme, Pilate a malgré tout, condamné Jésus à être crucifié. En conséquence, il a été forcé de recevoir le troisième niveau de punition dans l'Hadès.

Même aujourd'hui, il y a des gens qui commettent des crimes, tout en sachant que ce sont des crimes. Ils exposent les secrets de certains à d'autres pour servir leurs propres intérêts. Dans l'Hadès, le troisième niveau de punition est infligé à ceux qui complotent contre les autres, donnent de faux témoignages, médisent, forment des groupes ou des gangs pour tuer ou torturer, agissent lâchement, trahissent les autres en des temps de douleur, et d'autres choses similaires.

Dieu interrogera pour chaque œuvre

Tout comme Pilate a placé le sang de Jésus entre les mains des juifs en se lavant les mains, certaines personnes mettent le blâme pour une situation ou une condition particulière sur d'autres personnes. Cependant, la responsabilité pour les péchés des gens reste sur eux-mêmes. Chaque individu a un libre arbitre, et non seulement il a le droit de prendre des décisions, mais il devra aussi rendre compte pour ses décisions. La liberté nous permettra de faire un choix de croire ou de ne pas croire en Jésus comme notre Sauveur personnel, si oui ou non, nous voulons garder la sainteté du jour du Seigneur, si oui ou non, nous voulons donner à Dieu la totalité de notre dîme, et ainsi de suite. Cependant, le résultat de notre choix est révélé par soit le bonheur éternel dans le ciel ou l'éternelle punition en enfer.

De plus, le résultat de toute décision que vous avez prise vous devez le porter vous –mêmes et ainsi, vous ne pourrez jamais en blâmer quelqu'un d'autre. C'est pourquoi vous ne pouvez pas dire des choses telles que «j'ai quitté Dieu à cause de la persécution de mes parents» ou «je n'ai pas pu honorer le jour du Seigneur ou payer la totalité de ma dîme à cause de ma femme». Si vous aviez eu la foi, vous auriez sûrement craint Dieu, et gardé tous

Ses commandements.

Pilate, dont la langue a été coupée à cause de la lâcheté de ses propres paroles, a connu le remords et le regret pendant qu'il était continuellement flagellé en Hadès. Après la mort cependant, il n'y avait plus de seconde chance pour Pilate.

Cependant, ceux qui sont en vie ont encore une chance. Vous ne devez jamais hésiter à craindre Dieu et à garder Ses commandements. Esaïe 55 :6-8 nous dit *«Cherchez l'Eternel, pendant qu'Il se trouve ; invoquez-Le, tandis qu'Il est près. Que le méchant abandonne sa voie, et l'homme d'iniquité ses pensées ; qu'il retourne à l'Eternel qui aura pitié de lui, à notre Dieu, qui ne se lasse pas de pardonner. Car Mes pensées ne sont pas vos pensées, et vos voies ne sont pas vos voies.»* Parce que Dieu est amour, il nous permet de savoir ce qui se passe en enfer pendant que nous sommes encore vivants. Il fait cela pour réveiller de nombreuses personnes de leur somnolence spirituelle, et pour nous donner la force et nous encourager de partager la bonne nouvelle à encore plus de gens afin qu'eux aussi, puissent vivre dans Sa miséricorde et Sa compassion.

La punition de Saül, le premier Roi d'Israël

Jérémie 29 :11 nous dit que *«Car Je connais les projets que J'ai forgé sur vous, dit l'Eternel, projets de paix et non de malheur, afin de vous donner un avenir et une espérance.»* La parole a été donnée aux juifs pendant qu'ils étaient exilés à Babylone. Les versets prophétisent le pardon et la miséricorde de Dieu qui seront donnés à Son peuple tandis qu'il est en exil à cause de ses péchés contre son Dieu.

Pour la même raison, Dieu proclame le message sur l'enfer. Il ne le fait pas pour maudire les non croyants et les pécheurs, mais pour racheter tous ceux qui portent un lourd fardeau en tant qu'esclave de l'ennemi Satan et du diable, et éviter à des gens créés à Son image et Sa ressemblance de tomber dans cet endroit misérable.

Donc, au lieu de craindre la condition misérable de l'enfer, nous devons maintenant comprendre l'incommensurable amour de Dieu et, si vous êtes non croyant, accepter Jésus-Christ comme votre Sauveur personnel à partir de ce jour. Si vous n'avez pas vécu selon la Parole de Dieu, en professant votre foi en Lui, tournez vous et faites comme Il vous le dit.

Saül est demeuré désobéissant à Dieu

Lorsque Saül est monté sur le trône, il s'est fortement humilié. Il est cependant rapidement devenu trop arrogant pour obéir à la Parole de Dieu. Il tomba dans les mauvaises voies qui devaient être abandonnées et finalement Dieu détourna Sa face de Saül. Lorsque vous péchez contre Dieu, vous devez changer votre manière de penser, et vous devez vous repentir sans hésitation. Vous ne devez pas essayer de vous excuser ou de cacher vos péchés. Alors seulement, Dieu recevra votre prière de repentance et ouvrira la voie du pardon.

Lorsque Saül a appris que Dieu avait oint David pour le remplacer, le roi décida que David, son successeur était son ennemi et il essaya de le tuer pendant le reste de sa vie. Saül tua même les sacrificateurs de Dieu pour avoir aidé David (1 Samuel 22 :18). De pareils jugements sont identiques au fait de confronter Dieu face à face.

De cette manière, le Roi Saül est resté désobéissant et a accumulé ses œuvres mauvaises, mais Dieu n'a pas détruit Saül immédiatement. Malgré que Saül poursuivait David et avait de longue date décidé de le tuer, Dieu a continué à laisser vivre Saül.

Ceci répondait à deux buts. Le premier, Dieu voulait façonner David en un grand canal et un grand roi. Deuxièmement, Dieu a donné suffisamment de temps et d'opportunités à Saül pour se repentir de ses mauvaises œuvres.

Si Dieu nous avait tué lorsque nous commettions un péché suffisamment grave pour mériter la mort, personne d'entre nous n'aurait survécu. Dieu veut pardonner, attendre et attendre, mais si personne ne revient à Lui, Dieu regardera de l'autre côté. Cependant, Saül ne pouvait comprendre le cœur de Dieu et a poursuivi les désirs de sa chair. Finalement, Saül fut mortellement blessé par des archers et puis se tua lui-même avec sa propre épée (1 Samuel 31 :3-4).

Le corps de Saül est suspendu en l'air

Quelle est la punition de l'arrogant Saül? Une épée aiguisée transperce son abdomen, tandis qu'il est suspendu en l'air. La lame est solidement plantée avec des objets qui ressemblent à des pointes aiguisées et des coins d'une épée.

C'est terriblement douloureux d'être suspendu en l'air comme cela. C'est même plus atroce d'être pendu dans les airs tandis qu'une épée transperce votre abdomen, et votre poids ne fait que rajouter à votre douleur. L'épée sépare l'abdomen percé au moyen des lames et des poinçons aiguisés. Tandis que la peau est séparée, les muscles, les os et les intestins sont mis à nu.

Lorsqu'à certains moments, les messagers de l'enfer s'approchent de Saül et tournent l'épée, toutes les lames et les poinçons effilés qui y sont attachés tordent aussi le corps. Ce mouvement de l'épée fait éclater les poumons, le cœur, l'estomac et les intestins de Saül.

Peu de temps après que Saül endure cette horrible torture, et que ses intestins sont arrachés par morceaux, tous ses organes internes sont totalement restaurés. Dès qu'ils sont totalement restaurés, le messager de l'enfer s'approche de Saül et recommence le traitement. Pendant qu'il souffre, Saül se rappellera toutes les chances et opportunités de repentance qu'il a ignorées pendant sa vie.

Pourquoi ai-je désobéi à la volonté de Dieu?
Pourquoi l'ai-je combattu?
J'aurais dû prêter attention
aux réprimandes du Prophète Samuel
J'aurais dû me repentir
lorsque mon fils Jonathan plaidait avec des larmes!
Si du moins, j'avais été moins mauvais avec David,

Ma punition aurait pu être plus légère...

Il est inutile pour Saül d'avoir du remords ou de se repentir une fois qu'il est tombé en enfer. C'est insupportable d'être pendu en l'air avec une épée qui vous traverse l'abdomen, mais lorsque les messagers de l'enfer s'approchent de Saül, pour un autre tour de torture, Saül est envahi par la peur. Les douleurs qu'il vient d'endurer peu de temps auparavant, sont encore trop réelles et vivantes en lui, et il suffoque pratiquement en pensant aux choses à venir.

Saül peut supplier «s'il vous plait laissez moi!» ou «s'il vous plait, arrêtez cette torture!», mais cela ne sert à rien. Au plus Saül est effrayé, au plus le messager de l'enfer est ravi. Il va tourner et retourner l'épée, et l'agonie de voir son corps déchiré est perpétuellement renouvelée pour Saül.

L'arrogance est le fer de lance de la destruction

Le cas suivant est un lieu commun dans n'importe quelle église aujourd'hui. Un nouveau converti va, au début, recevoir et être rempli du Saint Esprit. Il aura du zèle pour servir Dieu et Ses serviteurs pendant un certain temps. Cependant, ce croyant va commencer à désobéir à la volonté de Dieu, à Son église et à Ses serviteurs. S'il continue, il va commencer à juger et à condamner les autres avec la parole de Dieu qu'il a entendue. Il est également probable qu'il devienne arrogant dans ses œuvres.

Le premier amour qu'il partageait avec le Seigneur a graduellement diminué avec le temps, et son espérance – qu'il avait un certain temps placée dans le ciel – est maintenant dans les choses du monde – choses qu'il avait abandonnées à un moment donné. Même dans l'église, il veut maintenant être servi par les autres, devient avide d'argent et de puissance et conciliant avec les désirs de la chair.

Lorsqu'il était pauvre, il aurait pu prier «Dieu donne-moi la bénédiction de la fortune matérielle!» Et que se passe t-il lorsqu'il reçoit la bénédiction? Au lieu d'utiliser la bénédiction, pour aider les pauvres, les missionnaires et les œuvres de Dieu, il gaspille maintenant les bénédictions de Dieu en poursuivant les désirs de ce monde.

Pour cela, le Saint Esprit se lamente dans le cœur du croyant ; son esprit traverse de nombreuses tribulations et difficultés ; et la punition peut être en route. S'il continue à pécher, sa conscience peut devenir paralysée. Il peut devenir incapable de discerner la volonté de Dieu de l'avidité de son cœur, et il suit souvent cette dernière.

Parfois, il peut devenir jaloux des serviteurs de Dieu qui sont grandement admirés et aimés par les membres de leur église. Il peut faussement les accuser et interférer dans leurs ministères. Pour servir ses propres intérêts, il va créer des clans dans l'église, détruisant ainsi l'église dans laquelle Christ demeure.

Une telle personne va continuer à confronter Dieu et devient le jouet de l'ennemi Satan et le diable, et en fin de compte il ressemble à Saül.

Dieu résiste aux orgueilleux et fait grâce aux humbles

1 Pierre 5 :5 dit que *«Dieu résiste aux orgueilleux, mais fait grâce aux humbles»*. Les orgueilleux jugent le message pendant qu'ils l'entendent. Il acceptent ce qui est en accord avec leurs propres pensées, mais rejettent ce qui n'est pas en accord. Beaucoup de pensées humaines sont différentes de celles de Dieu. Vous ne pouvez pas dire que vous croyez en Dieu et l'aimez si vous n'acceptez que les choses qui sont en accord avec vos pensées.

1 Jean 2 :15 dit *«N'aimez point le monde, ni les choses qui sont dans le monde. Si quelqu'un aime le monde, l'amour du Père n'est point en lui.»* De la même manière, si l'amour du Père n'est pas avec cette personne, il ou elle n'a pas de relation avec Dieu. C'est pourquoi, si vous affirmez avoir une relation avec Lui, mais que vous marchez encore dans les ténèbres, vous mentez et vous ne vivez pas dans la vérité (1 Jean 1 :6).

Vous devez toujours être prudent et constamment vous examiner vous-même pour vérifier si vous êtes devenu arrogant, si vous voulez être servi plutôt que de servir les autres, ou si l'amour de ce monde a envahi votre cœur.

Le quatrième niveau de punition pour Judas Iscariote

Nous avons vu que les premier, second et troisième niveaux de punition dans l'Hadès sont si misérables et cruels, au-delà de toute imagination. Nous avons également examiné les nombreuses raisons pour lesquelles ces âmes reçoivent des punitions aussi cruelles.

A partir de cela, entrons dans les plus effrayantes punitions entre toutes dans l'hadès. Quels sont quelques exemples du quatrième niveau de punitions et quel genre de mal ont pratiqué ces âmes pour les mériter ?

Commettre un péché impardonnable

La Bible nous dit que vous pouvez être pardonnés de certains péchés par la repentance, alors qu'il y a d'autres catégories de péché pour lesquels vous ne pouvez pas être pardonné, le genre de péché qui vous conduit à la mort (Matthieu 12 :31-32 ; Hébreux 6 :4-6 ; 1 Jean 5 :16). Les gens qui blasphèment contre le Saint Esprit, commettent volontairement un péché, alors qu'ils connaissent la vérité, et d'autres similaires, tombent dans cette catégorie de péchés et ils tomberont dans la partie la plus profonde de l'Hadès.

Par exemple, nous voyons souvent des gens qui ont été guéris ou qui ont vu leurs problèmes résolus par la grâce de Dieu. Au début, ils sont enthousiastes pour travailler pour le Seigneur et Son église. Cependant, à certains moments nous les voyons tentés par ce monde, et ils tournent leur dos à Dieu.

Ils se complaisent à nouveau dans les plaisirs de ce monde, mais cette fois ci, ils en font beaucoup plus qu'auparavant. Ils soumettent des églises au déshonneur et insultent d'autres chrétiens et les serviteurs de Dieu. Souvent, ceux qui confessent publiquement leur foi en Dieu sont les premiers à juger et à mettre des étiquettes aux églises et aux pasteurs en les qualifiant d'«hérétiques», et cela en se basant sur leurs propres perspectives et raisonnements. Lorsqu'ils voient une église remplie de la puissance du Saint Esprit et les miracles de Dieu agissant au travers de Ses serviteurs, uniquement parce qu'ils sont incapables de comprendre, ils sont rapides à juger toute l'assemblée en tant qu'hérétique, ou à considérer les œuvres du Saint Esprit comme étant celles de Satan.

Ils ont trahi Dieu et ne peuvent recevoir l'esprit de repentance. En d'autres termes, de telles personnes sont incapables de se repentir de leurs péchés. Donc, après la mort, ces «chrétiens» recevront de plus sévères punitions que ceux qui n'ont pas cru en Jésus-Christ comme leur Sauveur personnel et finiront dans l'Hadès.

2 Pierre 2 :20-21 nous dit que *«En effet, si, après s'être retirés des souillures du monde, par la connaissance du Seigneur et Sauveur Jésus-Christ, ils s'y engagent de nouveau et sont vaincus, leur dernière condition est pire que la première. Car mieux valait pour eux n'avoir pas connu la voie de la justice, que de après l'avoir connue, se détourner du saint commandement qui leur avait été donné.»* Ces gens ont désobéi à la Parole de Dieu et l'ont défié, même après avoir connu la Parole, et pour cela, ils recevront des punitions de loin plus grandes et lourdes que ceux qui n'ont pas cru.

Les gens dont la conscience a été marquée au fer rouge

Les âmes qui reçoivent le quatrième niveau de punitions n'ont pas seulement commis des péchés impardonnables, mais ils ont aussi eu leur conscience marquée au fer rouge. Certaines de ces personnes sont totalement devenues des esclaves de l'ennemi Satan et du diable, qui a défié Dieu et s'est impitoyablement opposé au Saint Esprit. C'est comme s'ils avaient crucifié Jésus personnellement à la croix.

Jésus notre Sauveur, a été crucifié pour pardonner nos péchés et libérer l'homme de la malédiction de la mort éternelle. Son précieux sang a racheté tous ceux qui ont cru en Lui, mais la malédiction sur les gens qui ont reçu le quatrième niveau de punitions les rend non éligibles pour recevoir le salut, même avec le sang de Jésus-Christ. C'est pourquoi, ils sont destinés à être crucifié sur leur propre croix dans l'Hadès.

Judas Iscariote, un des douze disciples de Jésus et peut être le traître le plus connu de l'histoire de l'humanité en est un parfait exemple. De ses propres yeux, Judas a vu le Fils de Dieu dans la chair. Il est devenu un des disciples de Jésus, a appris la Parole, et a été témoin des œuvres miraculeuses et des signes. C'est pourquoi Judas n'a jamais été capable de rejeter son avidité et son péché, jusqu'à la fin. Finalement, Judas fut inspiré par Satan et il vendit son maître pour 30 pièces d'argent.

ENFER

Peu importe combien Judas Iscariote a voulu se repentir

Qui croyez vous est le plus coupable : Ponce Pilate qui a condamné Jésus à être crucifié, ou Judas Iscariote qui a vendu Jésus aux juifs? La réponse de Jésus à l'une des questions de Pilate, nous donne une réponse claire ;

> *Tu n'aurais sur Moi aucun pouvoir, s'il ne t'avait été donné d'en haut. C'est pourquoi, celui qui me livre à toi, commet un plus grand péché (Jean 19 :11).*

Le péché que Judas a commis est vraiment un plus grand péché, un de ceux pour lequel il ne peut pas être pardonné et pour lequel il ne reçoit pas d'esprit de repentance. Lorsque Judas a réalisé l'ampleur de son péché, il a regretté et remboursé l'argent, mais l'esprit de repentance ne lui fut jamais donné.

Finalement, incapable de surmonter le fardeau de son péché, dans l'angoisse, Judas s'est suicidé. Actes 1 :18 nous dit que Judas *«...est tombé, s'est rompu par le milieu du corps, et toutes ses entrailles se sont répandues»*, décrivant sa fin misérable.

Judas pendu sur une croix

Quel genre de punition Judas reçoit-il en enfer? Dans la partie la plus profonde de l'enfer, Judas est pendu au premier plan sur une croix. Ensemble avec Judas et sa croix en avant plan, sont alignées les croix de ceux qui ont sévèrement défié Dieu. La scène ressemble à un tombeau ou un cimetière de masse après une guerre de grande envergure, ou un abattoir rempli de bétail mort.

La crucifixion est l'une des plus cruelles punitions, même dans ce monde. Le choix de la crucifixion sert comme exemple et aussi comme prévention à tous les criminels et criminels à venir, concernant leur futur possible. Quiconque est pendu sur une croix, qui est une agonie pire que la mort elle-même, pour un certain nombre d'heures - pendant lesquelles, le corps est tordu de toutes parts, les insectes mordent le corps, et tout son sang coule de son corps – aspire anxieusement à rendre son dernier soupir le plus rapidement possible.

Dans ce monde, la douleur de la crucifixion dure au plus un demi jour. Cependant, dans l'Hadès, où il n'y a pas de fin à la torture, et sûrement pas de mort, la tragédie de la punition de la crucifixion continuera jusqu'au Jour du Jugement.

De plus, Judas porte une couronne d'épines, qui grandissent continuellement et qui arrachent sa peau, percent le crâne et transpercent son cerveau. De plus, en dessous de ses pieds il y a ce qui semble être des animaux rampants. Un regard plus précis révèle que ce sont des âmes qui sont tombées dans l'Hadès et même celles-ci tourmentent Judas. Dans ce monde, elles ont aussi défié Dieu et accumulé le mal, tandis que leurs consciences étaient marquées au fer rouge. Eux aussi reçoivent des punitions et des tortures cruelles, et au plus sévères sont les tortures qu'ils reçoivent, au plus violents ils deviennent. A tour de rôle, comme s'ils voulaient laisser libre court à leur colère et leur agonie, ils continuent à percer Judas avec des épées.

Alors, les messagers de l'enfer se moquent de Judas en disant «c'est celui qui a vendu le Messie! Il a rendu les choses bonnes pour nous! Il est bon! Que c'est ridicule!»

Un grand tourment pour avoir vendu le Fils de Dieu

Dans l'Hadès, Judas ne doit pas seulement supporter la torture physique, mais aussi une quantité insupportable de torture mentale. On lui rappellera toujours qu'il a été maudit parce qu'il a vendu le Fils de Dieu. De plus, du fait que le nom de Judas Iscariote est devenu synonyme de trahison, même dans ce monde, augmente encore proportionnellement son tourment.

Jésus savait à l'avance que Judas le trahirait et ce qui se passerait avec Judas après la mort. C'est pourquoi Jésus a essayé de regagner Judas avec la Parole, mais il savait aussi que Judas ne serait pas récupéré. Dans Marc 14 :21, nous trouvons Jésus qui se lamente *«Mais malheur à l'homme par lequel le Fils de l'homme sera livré! Mieux vaudrait pour cet homme qu'il ne fût pas né.»*

En d'autres mots, si une personne reçoit le premier niveau de punition, c'est la plus légère punition, il vaut mieux pour lui ne pas être né du tout parce que la douleur est tellement grande et terrible. Qu'en est-il de Judas? Il reçoit la plus lourde des punitions!

Ceux qui mènent une vie bonne et dévouée sont toujours obéissants à Dieu par la foi. Donc, même lorsque la méchanceté des hommes remplissait la terre et que Dieu a dû «ouvrir les écluses des cieux» nous avons vu que Noé et sa famille furent sauvés. (Genèse 6 :8).

Noé a craint Dieu et a obéi à Ses commandements et à cause de cela il a échappé au jugement et reçu son salut.

Afin de ne pas tomber en enfer

Qui alors, craint Dieu et garde Ses commandements? C'est celui qui respecte et garde saint le Jour du Seigneur et donne toute sa dîme à Dieu – les deux éléments fondamentaux de la vie en Christ.

Garder saint le Jour du Seigneur symbolise notre reconnaissance de la souveraineté de Dieu dans le monde spirituel. Garder le Jour du Seigneur saint sert comme un signe qui vous reconnaît et vous distingue comme un des enfants de Dieu. Cependant, si vous ne gardez pas le jour du Seigneur saint, peu importe combien vous confessez votre foi en votre Père Dieu, il n'y a aucune vérification de votre état d'enfant de Dieu. Dans un tel cas vous n'avez d'autre choix que d'aller en enfer.

Donner toute sa dîme à Dieu signifie que vous reconnaissez la souveraineté de Dieu sur vos possessions. Cela signifie aussi que vous reconnaissez et que vous comprenez que Dieu possède seul tout l'univers. Selon Malachie 3 :9, les israélites étaient maudits après avoir *«volé»* Dieu. Il a créé tout l'univers et vous a donné la vie. Il nous donne le soleil et la pluie pour vivre, l'énergie pour travailler et la protection pour garder une journée de travail. Dieu possède tout ce que vous avez. Donc, malgré que tout notre revenu appartient à Dieu, Il nous permet de ne Lui donner qu'un dixième de tout ce que nous gagnons et d'utiliser le reste à notre convenance. Tant que nous Lui restons fidèles en ce qui concerne la dîme, Dieu, selon Sa promesse « ouvrira pour nous les écluses des cieux et répandra sur nous la bénédiction en abondance. » (Malachie 3 :10). Cependant, si vous ne donnez pas votre dîme à Dieu, cela signifie que vous ne croyez pas en Sa promesse de bénédiction, et manquez de foi pour être sauvé, et puisque vous avez volé Dieu, vous n'avez pas d'autre lieu où aller qu'en enfer.

C'est pourquoi, nous devons toujours garder saint le jour du Seigneur, et donner toute notre dîme à celui à qui tout appartient, et garder tous Ses commandements prescrits dans tous les soixante six livres de la Bible. Je prie qu'aucun des lecteurs de ce livre ne tombe en enfer.

Dans ce chapitre, nous avons traversé diverses sortes de punitions largement divisées en quatre niveaux – qui sont infligés aux âmes condamnées et confinées en Hadès. Quel endroit misérable, cruel et effrayant ?

2 Pierre 2 :9-10 nous dit *« le Seigneur sait délivrer de l'épreuve les hommes pieux, et réserver les injustes pour êtres punis au jour du Jugement, ceux surtout qui vont après la chair dans un désir d'impureté et qui méprisent l'autorité. Audacieux et arrogants, ils ne craignent pas d'injurier les gloires. »*

Les hommes méchants qui commettent des péchés, et font le mal, et interfèrent ou bloquent le travail de l'église, ne craignent pas Dieu. De telles personnes qui de manière flagrante défient Dieu ne peuvent et ne doivent pas chercher à espérer de Dieu qu'il les aide dans les temps d'affliction et d'épreuve. Jusqu'au moment où le Jugement du Grand Trône Blanc aura lieu, ils seront placés dans les profondeurs de l'Hadès et recevront leur punition en fonction de la catégorie et de l'ampleur de leurs mauvaises œuvres.

Chapitre 6

Punitions pour le blasphème contre le Saint-Esprit

Souffrir dans un chaudron de liquide bouillant

Gravissant une falaise perpendiculaire

La bouche brûlée au fer rouge

Les machines de torture terriblement grandes

Lié au tronc d'un arbre

*Et quiconque parlera contre le Fils de
l'homme, il lui sera pardonné; mais à celui
qui blasphémera contre le Saint Esprit il ne
sera point pardonné.*
- Luc 12:10 -

*Car il est impossible que ceux qui ont été une fois éclairés,
qui ont goûté le don céleste, qui ont eu part au Saint Esprit,
qui ont goûté la bonne parole de Dieu et les puissances du
siècle à venir, et qui sont tombés, soient encore renouvelés et
amenés à la repentance, puisqu'ils crucifient pour leur part
le Fils de Dieu et l'exposent à l'ignominie.*
- Hébreux 6:4-6 -

Punitions pour le blasphème contre le Saint-Esprit

Dans Matthieu 12 :31-32, Jésus nous dit *«C'est pourquoi je vous dis : Tout péché et blasphème sera pardonné aux hommes, mais le blasphème contre l'Esprit ne sera point pardonné. Quiconque parlera contre le Fils de l'homme, il lui sera pardonné ; mais quiconque parlera contre le Saint Esprit, il ne lui sera pardonné, ni dans ce siècle, ni dans le siècle à venir.»*

Jésus a prononcé ces paroles contre les juifs, qui Lui avaient reproché de prêcher l'évangile et d'accomplir les œuvres de la puissance divine, argumentant qu'Il était sous le sort d'un esprit impur ou qu'Il accomplissait les miracles par la puissance de l'ennemi Satan et le diable.

Même aujourd'hui, beaucoup de gens qui professent leur foi en Christ condamnent les églises qui sont remplies de la puissance et des miracles du Saint Esprit, et les qualifient «d'hérétiques» ou «d'œuvres du diable», simplement parce qu'ils sont incapables de les comprendre ou de les accepter. Cependant, comment le royaume de Dieu peut il être étendu et l'évangile prêché partout dans le monde, sans la puissance et l'autorité, qui viennent de Dieu, ce qui représente, les œuvres du Saint Esprit?

S'opposer aux œuvres du Saint Esprit n'est pas différent que de s'opposer à Dieu Lui-même. Dieu donc, ne reconnaîtra pas ceux qui s'opposent aux œuvres du Saint Esprit comme Ses enfants, peu importe combien ils se considèrent eux-mêmes comme «chrétiens».

Gardez donc en mémoire, que même après avoir vu et avoir

expérimenté la présence de Dieu au travers de Ses serviteurs, et Ses merveilleux et miraculeux signes et œuvres qui se sont produits, si quelqu'un condamne les serviteurs de Dieu et Son église comme «hérétique», il aura profondément bloqué et blasphémé contre le Saint Esprit, et la seule place qui lui est réservée est la profondeur de l'enfer.

Si une église, un pasteur ou un autre serviteur de Dieu reconnaît véritablement le Dieu en trois personnes, croit que la Bible est la Parole de Dieu et l'enseigne en tant que telle, est conscient de la vie à venir soit au ciel, soit en enfer, et du Jugement, et croit que Dieu possède la souveraineté sur toutes choses, et que Jésus est notre Sauveur, et l'enseigne en tant que tel, personne ne peut condamner ou qualifier cette église, ce pasteur et ce serviteur de Dieu «d'hérétique».

J'ai fondé l'église Centrale de Sanctification Manmin en 1982 et ai conduit un nombre incalculable de personnes sur la voie du salut au travers des œuvres du Saint Esprit. Curieusement, parmi les personnes qui ont personnellement expérimenté les œuvres du Dieu vivant se trouvaient ceux qui se sont en fait opposés à Dieu en bloquant les buts et les œuvres de l'assemblée et qui ont répandu des mensonges et des murmures à mon sujet et au sujet de l'église.

En expliquant la misère et l'agonie des profondeurs de l'enfer. Dieu m'a aussi révélé les punitions qui attendent en Hadès, ceux qui s'opposent, désobéissent et blasphèment contre le Saint Esprit. Quel genre de punition vont-ils recevoir ?

Souffrir dans un chaudron de liquide bouillant

Je regrette et maudis les vœux du mariage
Que j'ai faits avec mon mari
Pourquoi suis-je dans cet endroit misérable ?
Il m'a trompé et à cause de lui, je suis ici !

Ceci est la lamentation d'une femme qui reçoit le quatrième niveau de punition en Hadès. La raison pour laquelle sa plainte d'agonie retentit au travers de l'étendue sombre et poussiéreuse, est parce que son mari l'a trompée afin qu'elle s'oppose à Dieu avec lui.

Cette femme était mauvaise, mais son cœur avait, d'une certaine manière craint Dieu. Cette femme n'était donc pas capable de s'opposer au Saint Esprit et de défier Dieu par elle-même. Cependant, en poursuivant les désirs de sa chair, sa conscience a été assemblée avec la mauvaise conscience de son mari, et le couple s'est fortement opposé à Dieu et à Ses œuvres.

Ce couple qui a commis le mal ensemble, est maintenant puni ensemble en tant que couple en Hadès, et ils souffriront pour toutes leurs mauvaises œuvres. En quoi consiste donc leur punition en Hadès ?

Un couple tourmenté un par un

Le pot est rempli d'une terrible puanteur et les âmes

condamnées sont plongées dans le liquide bouillant une par une. Lorsqu'un messager de l'enfer met chaque âme dans le pot, la température du liquide couvre le corps de cloques – qui ressemble maintenant au dos d'un crapaud – et les yeux sautent de leurs orbites.

Chaque fois qu'elles essaient désespérément d'éviter ce tourment, et qu'elles sortent leur tête du pot, de larges pieds les piétinent et immergent leurs têtes. Des petites broches de fer ou de laiton sont densément plantées sous les semelles des grands pieds de ces messagers de l'enfer. Lorsqu'elles sont piétinées par ces pieds, les âmes sont repoussées dans le pot avec de grandes entailles et meurtrissures.

Au bout d'un moment, les âmes ressortent à nouveau la tête, parce qu'elles ne peuvent plus supporter la sensation de brûlure. A ce moment, comme ce fut le cas à de nombreuses reprises auparavant, elles sont piétinées et repoussées dans le pot. De plus parce qu'elles reçoivent ce tourment à tour de rôle, si le mari est dans le pot, la femme doit regarder son angoisse et vice versa.

Ce pot est transparent afin que l'intérieur du pot soit visible de l'extérieur. Au début, lorsque le mari ou la femme voit son bien aimé torturé et tourmenté d'une manière aussi horrible, chacun crie miséricorde pour l'autre, en raison de leur affection mutuelle.

Ma femme est à l'intérieur!
Je vous en prie, sortez-la!
Je vous en prie, sortez-la de cette misère.

Non, non, ne la piétinez pas.
Je vous en prie, retirez-la, je vous en prie!

Après un certain temps, l'intercession du mari cesse. Après avoir été puni un certain nombre de fois, il a fini par réaliser que pendant que sa femme souffre, lui est capable de prendre un peu de repos, et que lorsqu'elle sort du pot, c'est son tour d'y entrer.

Se blâmant et se maudissant l'un l'autre

Les couples mariés dans ce monde ne seront pas des couples au ciel. Cependant, ce couple demeurera un couple en Hadès, et ils recevront leur punition ensemble. Donc, parce qu'ils savent qu'ils recevront leur punition à tour de rôle, leurs intercessions se font maintenant sur un ton différent.

Non, non, je vous en prie, ne la retirez pas.
Laissez-la à l'intérieur un peu plus longtemps.
Je vous en prie, laissez-la là,
que je puisse me reposer un peu plus.

La femme veut que son mari souffre continuellement, et le mari supplie également pour que sa femme reste dans le pot aussi longtemps que possible. Cependant, le fait de voir souffrir l'un ne donne pas à l'autre un temps de repos. De brèves interruptions ne peuvent pas cacher une agonie qui n'en finit pas, surtout, parce que le mari sait qu'après sa femme, ce sera son tour.

De plus, lorsque l'un est en tourment et qu'il voit et entend l'autre plaider pour une plus longue punition, les deux se maudissent l'un l'autre.

Ici nous prenons clairement conscience du résultat d'un amour charnel. La réalité de l'amour charnel – et le réalité de l'enfer – est que lorsque l'un souffre d'une douleur insupportable et d'une telle intensité de tourment, il ou elle souhaite volontiers que l'autre soit tourmenté à son ou sa place.

Tandis que la femme regrette de s'être opposée à Dieu «à cause de son mari», elle dit clairement à son mari «je suis ici à cause de toi!» En réponse, avec une voix plus haute, le mari maudit et blâme sa femme qui l'a soutenu et a participé à ses mauvaises œuvres.

Au plus le couple commet le mal….

Les messagers de l'enfer sont tellement réjouis et enchantés de ce mari et de cette femme qui se maudissent l'un l'autre, et qui demandent aux messagers que leur partenaire soit puni plus longtemps et plus sévèrement.

Regardez, ils se maudissent l'un l'autre, même ici!
Leur méchanceté nous réjouit tellement!

Comme s'ils regardaient un film intéressant, les messagers de l'enfer observent attentivement et de temps à autre, ils nourrissent le feu encore plus, afin de pouvoir en jouir pleinement. Au plus le mari et la femme souffrent, au plus ils se maudissent l'un l'autre, et bien sûr, le rire des messagers devient plus fort.

Nous devons comprendre clairement un point ici. Lorsque des gens font le mal même dans ce monde, les esprits impurs sont réjouis et joyeux. Dans le même temps, au plus les gens commettent le mal, au plus ils deviennent étrangers à Dieu.

Les enfants de Dieu ne doivent jamais succomber au mal

Lorsque vous faites face à des difficultés et que vous vous compromettez avec le monde, vous vous lamentez et devenez amers envers des individus ou des circonstances précis, l'ennemi diable accourt vers vous et augmente avec joie vos difficultés et vos tribulations.

L'homme sage qui connaît la loi du monde spirituel, ne se lamentera ou se plaindra jamais, mais au contraire, il rendra grâce en toutes circonstances et confessera toujours avec une attitude positive, sa foi en Dieu, afin d'être certain que le centre de son cœur soit toujours sur Lui. De plus, si une mauvaise, vraiment mauvaise personne devait vous affliger, comme Romains 12 :21 nous dit *«ne soyez pas vaincus par le mal, mais triomphez du mal par le bien»*, vous devez toujours confronter le mal, uniquement avec le bien et vous recommander entièrement à Dieu.

De la même manière, lorsque vous suivez ce qui est bon et marchez dans la lumière, vous possèderez la puissance et l'autorité pour vaincre l'influence des esprits impurs. Alors, l'ennemi Satan et le diable ne pourront pas vous tenir responsable pour le mal et toutes vos difficultés disparaîtront beaucoup plus rapidement. Dieu est heureux, lorsque Ses enfants agissent et vivent selon leur bonne foi.

Sous aucun prétexte, le mal ne doit émaner de vous, comme le désire votre ennemi Satan et le diable, mais toujours penser dans la vérité et agir avec foi d'une manière qui est agréable à votre Père Dieu.

Gravissant une falaise perpendiculaire

Que vous soyez un serviteur de Dieu, un ancien ou un ouvrier dans Son église, vous allez probablement un jour, devenir une proie pour Satan, si vous ne circoncisez pas votre cœur, mais continuez à pécher. Certaines personnes s'éloignent de Dieu parce qu'ils aiment le monde. D'autres arrêtent de fréquenter l'église après avoir été tentés. D'autres encore s'opposent à Dieu en bloquant les plans et la mission de Son église, ce qui les laisse sans secours, sur le chemin de la mort.

Le cas d'une entière famille qui a trahi Dieu

Ce qui suit, est l'histoire d'une famille d'un individu qui avait, un temps, travaillé fidèlement pour l'église de Dieu. Ils n'ont pas circoncis leurs cœurs, qui étaient remplis de mauvais caractère et d'avidité. En raison de cela, ils exerçaient leur pouvoir sur d'autres membres de l'église et commettaient des péchés répétitifs.

Finalement, la punition de Dieu est tombée sur eux, lorsqu'une grave maladie fut diagnostiquée pour le père de famille. Toute la famille se réunit et commença à offrir une prière de réelle repentance aussi bien que d'autres prières pour sa vie.

Dieu reçut leur prière de repentance et guérit le père. A ce moment là, Dieu me révéla quelque chose d'absolument inattendu «si J'appelle son esprit maintenant, il pourrait du moins recevoir un salut honteux. Si je le laisse vivre un peu plus longtemps, il ne recevra aucune espèce de salut.»

Je n'ai pas compris ce qu'Il voulait dire, mais quelques mois plus tard, tandis que je constatais le comportement de la famille, j'ai rapidement compris. L'un des membres de cette famille avait été un fidèle ouvrier de mon église. Il commença à bloquer l'église de Dieu et Son royaume, en témoignant faussement contre l'église et en accomplissant encore de nombreuses œuvres mauvaises. Finalement, toute la famille fut trompée et chacun s'éloigna de Dieu.

Lorsque l'ancien ouvrier de mon église fit opposition et blasphéma contre le Saint Esprit, le restant de la famille commit des péchés impardonnables, et le père qui avait été restauré par ma prière mourut un peu plus tard. Si le père était mort, alors qu'il avait un petit niveau de foi, il aurait pu être sauvé. Cependant, il perdit sa foi, ne laissant aucune chance de salut. De plus, chaque membre de la famille tombera aussi dans l'Hadès, où le père est tombé, et où tous les membres de la famille doivent recevoir leur punition. Que sera donc leur punition?

ENFER

Grimpant une colline perpendiculaire sans repos

A l'endroit où cette famille est punie, il y a une colline perpendiculaire. Cette colline est si élevée que le sommet n'est pas visible de la base. Des cris stridents et effrayants remplissent l'air. A peu près à mi chemin sur cette fameuse colline, il y a trois âmes punies, qui à cette distance ressemblent à trois petits points.

Elles grimpent cette dure et rude colline mains et pieds nus. Comme si leurs mains et pieds étaient passés au papier de verre, leur peau est rapidement pelée et devient usée. Leurs corps sont trempés de sang. La raison pour laquelle elles escaladent cette apparemment impossible colline, est d'éviter un messager de l'enfer qui survole la région.

Quand ce messager de l'enfer, après avoir regardé ces trois âmes gravir la colline pendant un certain temps, lève les mains, de petits insectes qui ressemblent exactement au messager de l'enfer sont dispersés partout dans le pays comme des particules d'eau qui sortent d'un atomiseur. Tout en montrant leurs dents aiguisées dans leurs bouches largement ouvertes, ces insectes gravissent rapidement la colline et poursuivent les âmes.

Imaginez de voir des centaines de mille-pattes, tarentules ou cafards, chacun d'eux de la taille d'un doigt, couvrir le sol lorsque vous entrez à la maison. Imaginez aussi tous ces insectes terrifiants qui courent vers vous tous ensemble.

L'aspect seulement de ces insectes est suffisant pour vous effrayer. Si tous ces insectes se précipitaient sur vous tous ensemble, ce pourrait être le moment le plus sanglant de votre vie. Si ces insectes commencent à grimper sur vos pieds et jambes et bientôt submergent votre corps, comment pourriez-vous décrire une scène aussi horrible?

Dans l'Hadès, cependant, il est impossible de dire s'il y a des centaines ou des milliers de ces insectes. Les âmes savent seulement qu'il y a un nombre incalculable de ces insectes et que tous trois en sont la proie.

Un nombre incalculable d'insectes se précipitent sur les trois âmes

En voyant ces insectes à la base de la colline, les trois âmes grimpent de plus en plus vite. Avant longtemps, cependant, les trois âmes sont rattrapées, surmontées et elles tombent à terre où elles sont livrées à elles-mêmes afin que leurs corps soient rongés par ces horribles insectes.

Lorsque ces âmes ont les parties de leurs corps grignotées, la douleur est tellement grande et insupportable qu'elles crient comme des animaux tout en tordant et secouant leurs corps d'avant en arrière, sans succès. Elles essaient de secouer les insectes de leurs corps, et elles font cela en se piétinant et se frottant l'une contre l'autre, tout en continuellement se maudissant réciproquement. Au milieu d'une telle agonie, chacune montre plus de méchanceté que les autres et elles recherchent uniquement leurs intérêts propres, tout en continuant à se maudire. Les messagers de l'enfer semblent se réjouir de cette vue plus que de tout ce qu'ils ont vu.

Ensuite, lorsque le messager de l'enfer qui couvre cette région retient sa main et récolte les insectes, elles disparaissent en un instant. Les trois âmes ne ressentent plus la morsure des insectes maintenant, mais elles ne peuvent pas s'arrêter d'escalader la colline perpendiculaire. Elles sont bien conscientes de ce que le messager de l'enfer volant va très rapidement relâcher les insectes. Avec toutes leurs forces, elles recommencent à gravir la colline. Dans cette inquiétante tranquillité, les trois âmes, sont saisies par une peur grandissante des choses à venir, et luttent pour gravir la colline.

La douleur des blessures qu'elles reçoivent en escaladant ne peut être facilement oubliée. Cependant, parce que la peur des insectes qui rongent leurs corps et les déchirent est beaucoup plus grande, les trois âmes négligent leurs corps couverts de sang, et escaladent aussi rapidement qu'elles le peuvent. Combien misérable est cette vue !

La bouche brûlée au fer rouge

Proverbes 18 :21 dit *« la mort et la vie sont au pouvoir de la langue ; quiconque l'aime en mangera les fruits. »* Jésus dans Matthieu 12 :36-37 dit *« Je vous le dis, au jour du jugement, les hommes rendront compte de toute parole vaine qu'ils auront proférée. Car par tes paroles tu seras justifié et par tes paroles tu seras condamné. »* Ces deux passages nous disent que Dieu nous tient responsable de nos paroles et qu'Il nous jugera en fonction d'elles.

D'une part, ceux qui prononcent de bonnes paroles de vérité

portent de bons fruits selon leurs paroles. D'autre part, ceux qui prononcent de mauvaises paroles sans la foi, portent de mauvais fruits selon les mauvaises paroles prononcées par leurs mauvaises lèvres. Nous voyons parfois comment des paroles prononcées avec insouciance peuvent apporter une quantité et un niveau insupportables de douleur et d'angoisse.

Chaque parole sera payée en retour

Parfois les croyants, à cause de la persécution, de leurs familles disent ou prient «si ma famille pouvait se repentir au moyen d'un accident, cela en vaut la peine». Dès que l'ennemi Satan et le diable entendent ces paroles, ils accusent cette personne devant Dieu, en disant «les paroles de cette personne doivent être accomplies». Les paroles deviennent donc une semence, et l'accident, par lequel les gens deviennent infirmes et rencontrent encore d'autres difficultés, finit par se produire.

Est-il nécessaire de vous apporter vous-même de la souffrance avec de telles paroles stupides et inutiles? Malheureusement, lorsque l'affliction couvre leurs vies, beaucoup de gens doutent. D'autres ne se rendent même pas compte que les problèmes sont venus à cause de leurs propres paroles, et d'autres encore ne se souviennent même pas qu'ils ont parlé pour amener une telle détresse.

Pour cela, en gardant en mémoire que toute parole sera payée en retour d'une manière ou d'une autre, nous devons toujours avoir un bon comportement et retenir nos langues. Peu importe l'intention, si ce que vous dites est tout sauf bon et beau, Satan pourra facilement – et il le fera certainement – vous rendre responsables pour vos paroles, et vous serez soumis à l'agonie, et parfois à des troubles inutiles.

Qu'arrivera-t-il à quelqu'un qui ment délibérément à propos de l'église de Dieu et de ses serviteurs bien-aimés, troublant ainsi fortement la mission de l'église et défiant Dieu? Il ou elle sera rapidement conduit sous l'influence de Satan et vers les punitions de l'enfer.

Ce qui suit n'est qu'un exemple de punitions infligées à tous ceux qui se sont opposés au Saint Esprit par leurs paroles.

Personnes s'opposant au Saint Esprit par leurs paroles

Il y avait une personne qui était membre et servait mon église depuis longtemps, remplissant de nombreuses fonctions. Malheureusement, il n'avait pas circoncis son cœur, ce qui est de loin, la chose la plus importante qui est requise pour tous les chrétiens. De l'extérieur, il semblait à tout propos, être un fidèle travailleur qui aimait Dieu, l'église et ses frères et sœurs dans l'église.

Parmi les membres de sa famille, il y avait quelqu'un qui avait été guéri d'une maladie incurable, qui aurait pu le laisser infirme de manière permanente, et un autre qui avait été ressuscité au seuil de la mort. A côté de ceux là, sa famille a connu de nombreuses expériences et bénédictions de Dieu., mais il n'est jamais arrivé à circoncire son cœur et à rejeter le mal.

Donc, lorsque l'église, dans son ensemble fit face à de

sérieuses difficultés, les membres de sa famille furent tentés par Satan de la trahir. Tout en ne souvenant plus de la grâce et des bénédictions qu'il avait reçues au travers de l'église, il quitta l'église qu'il avait si longtemps servie. De plus, il commença à s'opposer à cette église, et rapidement, comme s'il était en mission d'évangélisation, lui-même commença à visiter des membres de l'église et à interférer dans leur foi.

Même s'il avait quitté l'église à cause de l'incertitude de sa foi, il aurait finalement pu avoir l'opportunité de recevoir la compassion de Dieu en fin de compte, s'il s'était du moins tenu tranquille sur des sujets à propos desquels il n'était pas familier, et avait essayer de discerner le bien du mal.

Il ne put cependant surmonter sa propre méchanceté et pécha tellement avec sa langue, que maintenant, seule une rétribution d'agonie l'attend.

La bouche brûlée et le corps tordu

Un messager de l'enfer brûle sa bouche avec un fer rougi parce qu'il s'est sévèrement opposé au Saint Esprit, par les paroles qui sortaient de sa bouche. Cette punition est semblable à celle de Ponce Pilate, qui a condamné l'innocent Jésus à la crucifixion par les paroles sorties de sa bouche, et il a maintenant la langue arrachée de manière permanente en Hadès.

De plus, l'âme est obligée d'entrer dans un tube de verre qui a des bouchons à chaque extrémité, où sont positionnées des poignées de métal. Lorsque les messagers de l'enfer tournent ces poignées, le corps de l'âme emprisonnée est tordu. Son corps est tordu de plus en plus, et comme de l'eau sale est extraite d'une serpillière, le sang de l'âme jaillit de ses yeux, son nez, sa bouche et tous les autres trous de son corps. Finalement, tous son sang et jus jaillissent de ses cellules.

Pouvez-vous imaginez quelle force est nécessaire pour faire sortir une goutte de sang en tordant votre doigt?

Le sang et le liquide de l'âme ne sont pas seulement pressés d'une partie de son corps, mais de tout son corps, de la tête aux pieds. Tous ses os et son système musculaire sont tordus et dispersés et toutes ses cellules désintégrées, de manière à ce que même la toute dernière goutte de toutes sortes de liquides de son corps puisse être extraite. Combien cela doit être douloureux!

Finalement, le tube de verre est rempli de sang et de liquide de son corps, de telle sorte que cela ressemble à distance, à une bouteille de vin rouge. Après que les messagers de l'enfer aient tordu et tordu encore le corps, jusqu'à ce que la dernière goutte de liquide ait été extraite, ils laissent le corps en repos pour un moment pour lui permettre d'être restauré.

Et même si son corps est restauré, quel espoir cette âme a-t-elle encore? Dès le moment où son corps est restauré, la torsion et la pression de son corps recommencent sans fin. En d'autres termes, les moments entre ses tortures sont seulement une extension de la torture.

Pour avoir troublé le royaume de Dieu avec sa langue, les lèvres de cette âme sont brûlées et comme récompense pour avoir activement aidé les œuvres de Satan, chaque once de liquide est extraite de son corps.

Dans le monde spirituel, un homme récolte ce qu'il sème, et quoi que ce soit qu'il ait fait, lui sera fait. Je vous prie de vous rappeler ces choses, et de ne pas succomber au mal, mais par seulement de bonnes œuvres et actes, de vivre une vie qui glorifie Dieu.

Les machines de torture terriblement grandes

Cette âme a personnellement expérimenté les œuvres du Saint Esprit lorsqu'elle a été guérie de sa maladie et de sa faiblesse. Après cela, elle a prié de tout son cœur pour circoncire son cœur. Sa vie a été conduite et dirigée par le Saint Esprit et elle en a porté le fruit, elle a gagné la louange et l'amour des membres de l'église, et devint un serviteur de Dieu.

Saisi par son propre orgueil

Comme il a gagné la louange et l'amour des gens autour de lui, cet homme est devenu de plus en plus arrogant de sorte qu'il ne pouvait plus se regarder de manière correcte et il a inconsciemment arrêté de circoncire son cœur. Il a toujours été un homme colérique et jaloux, et au lieu de rejeter ces choses, il commença à juger et condamner tous ceux qui étaient justes, et il portait rancune à tous ceux qui ne lui faisaient pas plaisir ou n'étaient pas d'accord avec lui.

Dès qu'un homme est saisi par son propre orgueil et commet

le mal, plus de mal émane de lui et il ne se retient plus et ne tient plus compte des conseils de personne. Cette âme accumula le mal sur le mal, fut prise au piège de Satan, et s'opposa ouvertement à Dieu.

Le salut n'est pas complet lorsque nous recevons le Saint Esprit. Même si vous êtes remplis du Saint Esprit, que vous expérimentez la grâce et que vous servez Dieu, vous êtes comme un coureur de marathon qui est toujours loin de la ligne d'arrivée – la purification. Peu importe combien le coureur court bien, s'il ou elle arrête la course ou passe outre, cela ne fait aucun bien au coureur. Beaucoup de gens courent vers la ligne d'arrivée – le ciel. Peu importe la vitesse à laquelle vous avez couru, jusqu'à un point donné, peu importe la proximité de la ligne d'arrivée où vous êtes parvenu, si vous arrêtez la course, ce sera la fin de la course pour vous.

N'assumez pas que vous tenez ferme

Dieu nous dit aussi, que si nous sommes «tièdes», nous serons vomis (Apocalypse 3 :16). Même si vous êtes un homme/femme de foi, vous devez continuellement être rempli du Saint Esprit ; maintenir votre passion pour Dieu ; et ardemment vous accrocher au royaume des cieux. Si vous arrêtez votre course à mi-chemin, tout comme ceux qui ne participent pas à la course depuis le début, vous ne pouvez être sauvé.

C'est pour cela que l'apôtre Paul, qui a été fidèle à Dieu de tout son cœur, a confessé que *«je meurs chaque jour»* et aussi *«Mais je traite durement mon corps et je le tiens assujetti, de*

peur d'être moi-même rejeté après avoir prêché aux autres.»
(1 Corinthiens 15 :31 ; 9 :27)

Même si vous vous trouvez dans une position où vous pouvez enseigner les autres, si vous ne vous débarassez pas de vos propres pensées et ne rabaissez pas votre corps, pour en faire votre esclave, de la manière dont Paul l'a fait, Dieu vous abandonnera. Ceci est parce que *«Votre adversaire le diable rôde comme un lion rugissant, cherchant qui il dévorera»* (1 Pierre 5 :8).

1 Corinthiens 10 :12 dit *«Ainsi donc, que celui qui croit être debout prenne garde de tomber.»* Le monde spirituel est sans fin, et le fait que nous devenons de plus en plus semblables à Dieu n'a pas de fin non plus. De la même manière que l'agriculteur sème de la semence au printemps, cultive tout au long de l'été, et moissonne sa récolte en automne, vous devez constamment progresser afin de faire exceller votre âme et de vous préparer à la rencontre avec Jésus-Christ.

Tordant et perçant les têtes

Quel genre de punitions attend cette âme qui a arrêté de circoncire son cœur parce qu'elle a cru qu'elle tenait ferme, mais est finalement tombée ?

Une machine qui ressemble au messager de l'enfer, un ange déchu, la torture. Cette machine est plusieurs fois plus grande que le messager de l'enfer, et donne un frisson à l'âme, rien qu'en la regardant. Sur les mains de la machine de torture, il y a des ongles pointus et effilés, plus grands qu'un être humain moyen.

Cette grande machine de torture soulève l'âme par le cou de sa main droite et elle tord la tête de l'âme avec les ongles de sa main gauche, qui percent sa tête et fouillent son cerveau. Pouvez-vous imaginez combien cela est douloureux?

Cette douleur physique est terrible ; mais l'agonie mentale est plus insupportable. Devant les yeux de l'âme se déroule un programme de diapositives qui montre clairement ses plus heureux moments dans cette vie : le bonheur qu'elle a ressenti lorsqu'elle a expérimenté la grâce de Dieu, Sa louange joyeuse, le temps où elle était zélée pour accomplir les ordres de Jésus «d'aller et de faire de toutes les nations des disciples» et d'autres encore.

Le tourment mental et la moquerie

Pour l'âme, chaque scène est un poignard dans son cœur. Il fut pendant un temps serviteur du Dieu tout puissant et elle était pleine d'espoir de résider dans la Nouvelle Jérusalem. Maintenant, elle est confinée dans cet endroit misérable. Ce contraste désolant lui déchire le cœur. L'âme ne peut plus supporter ce tourment mental, et elle cache sa tête sanglante et échevelée et sa face dans ses mains. Elle mendie la miséricorde et une fin à sa torture, mais il n'y a pas de fin à son agonie.

Après un temps, la machine de torture laisse tomber l'âme sur le sol. Alors, les messagers de l'enfer qui ont vu cette âme souffrir, l'entourent et se moquent d'elle en disant «comment as-tu pu être un serviteur de Dieu? Tu es devenu un apôtre de Satan, et maintenant tu es un amusement pour Satan.»

Tandis qu'elle écoute ces moqueries, sanglote et réclame miséricorde, les deux doigts de la main droite de la machine de torture la prennent par le cou. Se rendant compte du tortillement de l'âme, la machine l'élève dans l'air jusqu'à la hauteur de son cou, et lui frappe la tête avec les ongles pointus de sa main gauche. La machine inflige un tourment supplémentaire en projetant à nouveau les diapositives. Cette torture va continuer jusqu'au Jour du Jugement.

Vous ne devez pas commettre de péché impardonnable

J'ai donné cinq exemples de punitions infligées à des personnes qui se sont opposées à Dieu. De telles âmes ont à subir de plus lourdes punitions que beaucoup d'autres, parce qu'elles ont, à un moment donné de leur vie, travaillé pour Dieu pour étendre son royaume en tant que dirigeants dans l'église.

Nous devons nous souvenir ici que beaucoup d'âmes sont tombées dans l'Hadès, et reçoivent des punitions, malgré qu'elles ont cru en Dieu, l'ont servi Lui, Ses serviteurs et Son église, fidèlement et avec zèle.

De plus, vous devez vous souvenir de ne jamais parler, vous opposer ou blasphémer contre le Saint Esprit. L'esprit de repentance ne sera pas donné à ceux qui s'opposent au Saint Esprit, spécialement parce qu'ils s'opposent au Saint Esprit, après avoir confessé leur foi en Dieu et après avoir personnellement expérimenté les œuvres du Saint Esprit. Ils ne peuvent donc même plus se repentir.

Depuis les premiers jours de mon ministère, jusqu'à ce jour, je n'ai jamais critiqué d'autres églises ou d'autres serviteurs de Dieu, et je ne les ai jamais traité d' «hérétiques». Si d'autres églises et pasteurs croient dans la trinité, reconnaissent l'existence du ciel et de l'enfer et prêchent le message du salut par Jésus-Christ, comment peuvent-ils être hérétiques?

De plus, c'est vraiment s'opposer au Saint Esprit que de condamner ou étiqueter une église dans laquelle, ou un serviteur au travers duquel l'autorité et la présence de Dieu sont manifestés et confirmés. Gardez en mémoire, que pour un tel péché, il n'y a pas de pardon.

Donc, jusqu'à ce que la vérité soit établie, personne ne peut condamner quelqu'un d'autre d'hérétique. De plus, vous ne devez jamais commettre le péché de vous opposer et de faire obstruction au Saint Esprit avec votre langue.

Si vous abandonnez le travail que Dieu vous a donné

Nous ne devons jamais abandonner la charge que Dieu nous a donnée selon notre propre jugement ou dans aucune circonstance. Jésus a insisté sur l'importance des charges au travers de la parabole des talents (Matthieu 25).

Il y avait un homme qui partait en voyage. Il a réuni ses serviteurs et leur a confié ses biens selon la capacité de chacun. Il donna cinq talents au premier serviteur, deux au second et un au dernier. Les deux premiers serviteurs firent travailler leur argent et gagnèrent le double. Cependant, le serviteur qui avait reçu un seul talent est parti, a creusé un trou dans le sol et caché l'argent de son maître. Après un long moment, le maître est revenu et a demandé des comptes à chacun d'eux. Les personnes qui avaient reçu respectivement cinq et deux talents ont présenté le double. Le maître loua chacun d'eux en disant *«bien fait, bon et fidèle serviteur!»* (v. 21) Puis, l'homme qui avait reçu un talent fut rejeté parce qu'il n'a pas travaillé avec l'argent et gagné aucun intérêt, mais s'est contenté de le garder.

«Le talent» dans cette parabole se réfère à la charge donnée par Dieu. Vous constatez que Dieu a rejeté celui qui s'est contenté de se tenir à la charge. Il est vrai que beaucoup de gens autour de nous abandonnent les charges qui leur ont été confiées par Dieu. Vous devez réaliser que ceux qui abandonnent les charges qui leurs sont confiées, seront certainement jugés au Jour du Jugement.

Chassez l'hypocrisie et circoncisez vos cœurs

Jésus a aussi insisté sur l'importance de la circoncision de votre cœur lorsqu'il a réprimandé les docteurs de la loi et les pharisiens en tant qu'hypocrites. Les docteurs de la loi et les pharisiens semblaient vivre une vie fidèle, mais leur cœur était rempli de méchanceté, c'est pourquoi Jésus les a réprimandé, en disant qu'ils étaient comme des sépulcres blanchis.

> *Malheur à vous, scribes et pharisiens hypocrites! Parce que vous fermez aux hommes le royaume des cieux ; vous n'y entrez pas vous-mêmes, et vous ne laissez pas entrer ceux qui veulent entrer. Malheur à vous, scribes et pharisiens hypocrites! Parce que vous*

> *dévorez la maison des veuves et que vous faites, pour l'apparence, de longues prières ; à cause de cela vous serez jugés plus sévèrement.*

Pour la même raison, il est inutile pour vous de mettre du maquillage ou les plus beaux habits si votre cœur est plein de jalousie, de haine et d'arrogance. Plus que toute autre chose, Dieu veut que nous puissions circoncire nos cœurs et chasser le mal.

Evangéliser, prendre soin des membres de l'église et servir l'église sont tous très importants. Cependant, la chose la plus importante est d'aimer Dieu, de marcher dans la lumière et de devenir de plus en plus comme Dieu. Vous devez être saint comme Dieu est saint et vous devez être parfait comme Dieu est parfait.

D'une part, si votre zèle actuel pour Dieu, ne provient pas de votre cœur véritable et de toute votre foi, il peut toujours dégénérer et ne peut donc pas plaire à Dieu. D'autre part, si quelqu'un circoncit son cœur, pour devenir saint et pur, le cœur de cette personne va exhaler un parfum agréable à Dieu.

De plus, peu importe la quantité de la parole de Dieu que vous avez apprise et connaissez, la chose la plus importante pour vous est de concentrer votre pensée pour vous conduire et vivre en accord avec la Parole de Dieu.

Vous devez toujours garder en mémoire, l'existence de l'enfer d'agonie, purifiez vos cœurs, et lorsque le Seigneur Jésus reviendra, vous serez l'un des premiers à l'embrasser.

Lié au tronc d'un arbre

Ceci est la punition d'un ancien serviteur de Dieu qui a dans le passé, enseigné à des membres de son église et était responsable de nombreux postes.

S'opposant au Saint Esprit

Cette âme avait un fort désir de gloire, de gain matériel, et de puissance, de par sa nature. Elle a accompli son travail avec diligence, mais ne s'est pas rendue compte de ses propres faiblesses. A un moment donné, Elle s'est arrêtée de prier, et à cause de cela a effectivement stoppé de faire des efforts pour circoncire son cœur. Inconsciemment, toutes espèces de mauvaises choses ont grandi en lui, comme des champignons vénéneux, et lorsque l'église dans laquelle il servait a traversé une crise majeure, il a été immédiatement pris en charge par la puissance de Satan.

Lorsqu'il s'opposa au Saint Esprit, après avoir été tenté par Satan, ses péchés devinrent de plus en plus graves, parce qu'il avait été un dirigeant de son église, et qu'il a influencé tant de membres de l'église de manière négative, troublant ainsi le royaume de Dieu.

Soumis à la fois à la torture et à la moquerie

Cet homme reçoit la punition d'être lié au tronc d'un arbre dans l'Hadès. Sa punition n'est pas aussi sévère que celle de Judas

ENFER

Iscariote, mais elle est néanmoins dure et insupportable.

Le messager de l'enfer montre à l'âme une projection de diapositives qui montre des scènes qui dépeignent les plus heureux moments de sa vie, surtout le temps où il était un fidèle serviteur de Dieu. Ce tourment mental lui rappelle qu'il a eu un jour, une vie heureuse et une opportunité de recevoir les abondantes bénédictions de Dieu, mais il n'a jamais pu circoncire son cœur à cause de son avidité et de sa fausseté, et il est ici maintenant pour recevoir cette horrible punition.

Pendus au plafond, il y a un nombre incalculable de fruits noirs et après avoir montré à l'âme une scène du programme, le messager de l'enfer montre le plafond et se moque d'elle en disant «ton avidité porte des fruits comme ceux-ci» ; Alors les fruits tombent un par un. Chaque fruit est la tête de quelqu'un qui l'a suivi en s'opposant à Dieu. Ils ont commis le même péché que cette âme, et les restes de leurs corps après des sévères tortures ont été coupés. Seules leurs têtes, qui pendent au plafond, sont restées. L'âme attachée à l'arbre a poussé et tenté ces gens dans ce monde de suivre ses voies avides et de commettre le mal, et ils sont ainsi devenus le fruit de son avidité.

Chaque fois qu'un serviteur de l'enfer se moque d'elle, cette moquerie devient un signal pour faire tomber les fruits qui éclatent un par un. Puis, une tête roule du sac avec un craquement. Les drames, les documentaires historiques ou d'action, les films dans lesquels la gorge d'un personnage a été tranchée, dépeint généralement la tête du personnage mort avec des cheveux échevelés et un visage sanglant, des lèvres mauves et des yeux globuleux. Les têtes qui tombent du plafond ressemblent aux têtes de tels films ou drames.

Les têtes tombées du plafond rongent l'âme

Quand les têtes épouvantables tombent du plafond, elles tombent sur le sol une par une. Elles cognent d'abord ses jambes et le mordent.

Une autre scène du programme de diapositives passe devant les yeux de l'âme et le messager de l'enfer se moque à nouveau de lui, en disant, « regarde, ton avidité pend comme ceci ! » Alors, un autre sac tombe du plafond, éclate, et une autre tête roule et mord violemment le bras de l'âme.

De cette manière, chaque fois que le messager de l'enfer se moque de l'âme, les têtes tombent une par une. Ces têtes se balancent au dessus du corps de l'âme, comme un arbre portant d'abondants fruits. La douleur venant des morsures de ces têtes est complètement différente que celle des morsures d'une personne ou des animaux dans ce monde. Le poison des dents pointues de ces têtes se répand de la partie mordue vers les os internes en rend le corps dur et sombre. Cette douleur est tellement grande que le fait d'être rongé par des insectes ou être déchiré par des animaux semble bien moins douloureux.

Les âmes qui n'ont plus que leurs têtes ont dû subir le tourment d'avoir le reste de leurs corps coupés et déchirés en morceaux. Combien de rancune doivent-ils avoir contre cette âme ? Bien qu'ils se soient opposés à Dieu de leur propre méchanceté, ils veulent se venger sur lui parce que leur chute est misérable et désespérée.

ENFER

L'âme sait très bien qu'elle est punie à cause de son avidité. Cependant, au lieu de regretter et de se repentir de ses péchés, elle est en train de maudire les têtes d'autres âmes qui mordent et meurtrissent son corps. Comme le temps passe et la douleur grandit, l'âme n'en devient que plus méchante et mauvaise.

Dieu Lui-même a révélé ce témoignage de l'enfer et donc, chaque partie en est vraie. Les punitions en enfer sont tellement horribles qu'au lieu de vous exposer chaque détail, j'ai seulement décrit quelques cas de tourment. Gardez également en mémoire que parmi beaucoup de gens qui sont tombés en enfer, sont ceux qui un temps ont été fidèles et loyaux envers Dieu.

Si vous n'avez pas les bonnes qualifications, en clair, si vous arrêtez de circoncire votre cœur, vous serez presque inévitablement tenté par Satan pour vous opposer à Dieu et finalement, être précipité en enfer.

Je prie au nom du Seigneur que vous saisirez combien atroce et misérable est un endroit comme l'enfer, lutterez pour sauver autant d'âmes que vous le pourrez, prierez avec ferveur, prêcherez l'évangile avec diligence, et examinerez toujours vous-mêmes, de manière à obtenir le salut total.

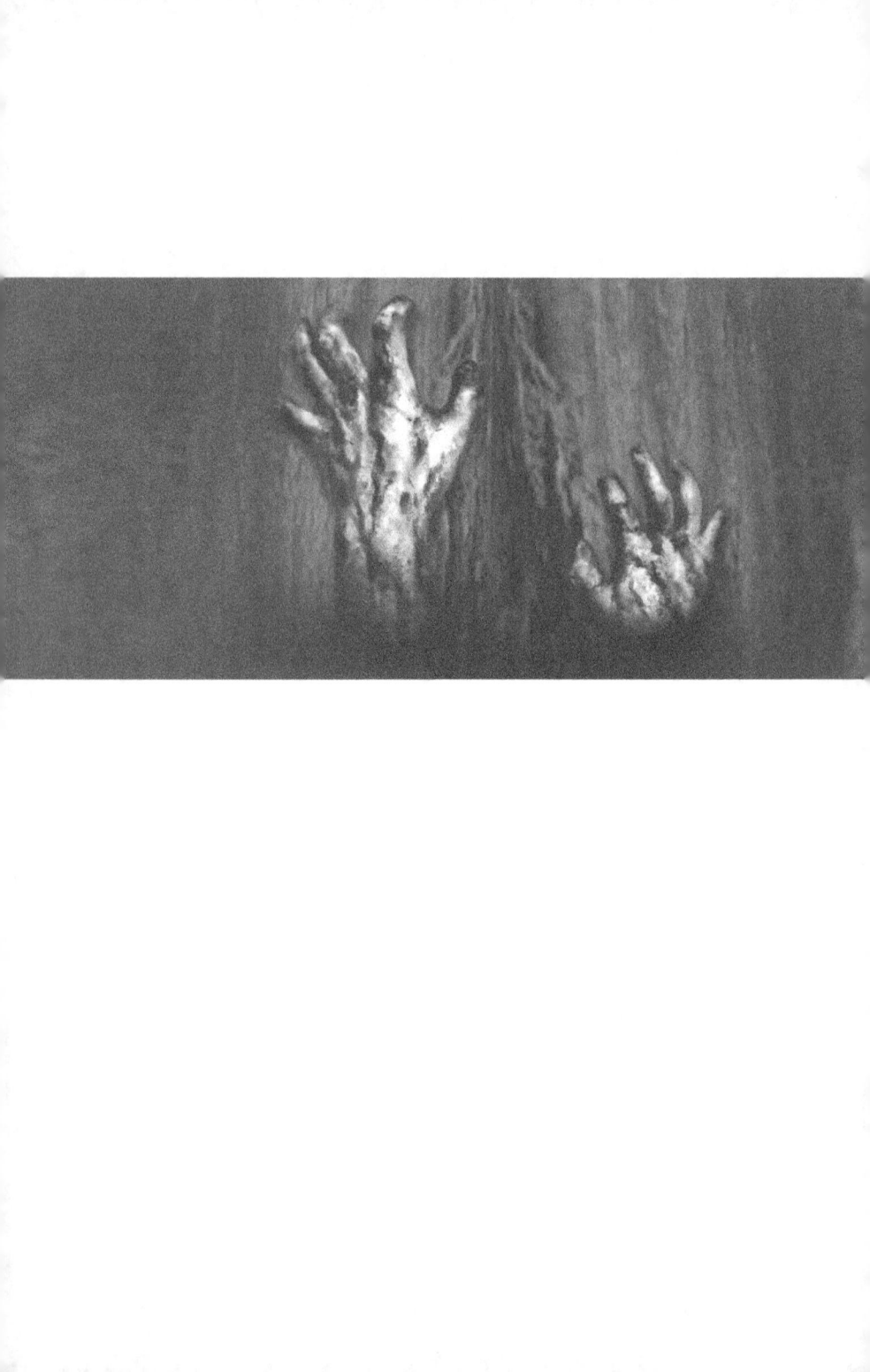

Chapitre 7

Le salut pendant la grande tribulation

L'Avènement de Christ et l'Enlèvement
Les sept années de la grande tribulation
Le martyre pendant la grande tribulation
Le Second Avènement du Christ et le Millénium
Se préparant à devenir la belle épouse du Seigneur

Cette bonne nouvelle du royaume sera prêchée dans le monde entier, pour servir de témoignage à toutes les nations. Alors viendra la fin.
- Matthieu 24:14 -

Et un autre, un troisième ange les suivit, en disant d'une voix forte: Si quelqu'un adore la bête et son image, et reçoit une marque sur son front ou sur sa main, il boira, lui aussi, du vin de la fureur de Dieu, versé sans mélange dans la coupe de sa colère, et il sera tourmenté dans le feu et le soufre, devant les saints anges et devant l'agneau. Et la fumée de leur tourment monte aux siècles des siècles; et ils n'ont de repos ni jour ni nuit, ceux qui adorent la bête et son image, et quiconque reçoit la marque de son nom.
- Apocalypse 14:9-11 -

Lorsque nous prêtons attention au cours actuel de l'histoire, ou aux prophéties bibliques, nous nous rendons compte que la saison est arrivée et proche de la venue du Seigneur. Au cours des dernières années, il y a eu de nombreux tremblements de terre, et inondations dont l'ampleur ne se retrouve qu'à peu près tous les cent ans.

De plus, de fréquents incendies de forêt à grande échelle, des ouragans, et des typhons ont laissé derrière eux la destruction et un grand nombre de victimes. En Afrique et en Asie beaucoup de gens ont souffert et sont morts à cause de famines causées par de longues sécheresses. Une grande partie du monde a connu et expérimenté un temps anormal causé par la dégradation de la couche d'ozone, «El Nino», «La Nina» et de nombreux autres.

De plus, il semble ne pas y avoir de fin aux guerres et conflits entre les nations, les actes terroristes, et d'autres formes de violence. Des atrocités, au-delà de tout principe moral de l'homme sont devenus des évènements quotidiens et sont décrits dans les médias de masse.

Un tel phénomène a déjà été prophétisé par Jésus-Christ il y a deux millénaires, lorsqu'Il a répondu à la question de Ses disciples *«quel sera le signe de Ton avènement et de la fin du monde?»* (Matthieu 24 :3).

Par exemple, combien les versets suivants sont- ils vrais?

Une nation s'élèvera contre une nation et un royaume contre un royaume, et il y aura en divers lieux, des famines et des tremblements de terre. Tout cela ne sera que le commencement des douleurs. (Matthieu 24 :7-8)

Pour cela, si vous avez une foi véritable, vous devez savoir que le jour du retour du Seigneur est très proche et demeurer éveillés comme les cinq vierges sages (Matthieu 25 :1-13). Vous ne serez jamais laissés en arrière comme les cinq autres vierges qui n'avaient pas préparé assez d'huile pour leurs lampes.

L'Avènement de Christ et l'Enlèvement

Il y a environ deux mille ans, notre Seigneur Jésus-Christ est mort à la croix, est ressuscité des morts le troisième jour et est monté au ciel en présence de nombreuses personnes. Actes 1 :11 nous dit que *«ce Jésus qui a été enlevé au ciel du milieu de vous, viendra de la même manière que vous l'avez vu allant au ciel»*.

Jésus-Christ a ouvert la voie du salut, est allé au ciel, est assis à la droite de Dieu et prépare une place pour nous. Au moment du choix de Dieu et lorsque nos places au ciel seront préparées, Jésus reviendra pour nous prendre *«Je vous prendrai avec Moi, afin que là où Je suis, vous y soyez aussi»* (Jean 14 :3).

A quoi ressemblera le retour de Jésus?

1 Thessaloniciens 4 :16-17 dépeint une scène dans laquelle Jésus descendra du ciel avec un nombre incalculable de créatures

célestes et d'anges, ensemble avec les morts en Christ.

> *Car le Seigneur Lui-même, à un signal donné, à la voix d'un archange, et au son de la trompette de Dieu, descendra du ciel et les morts en Christ ressusciteront premièrement. Ensuite, nous les vivants, qui seront restés, nous serons tous ensemble enlevés avec eux sur des nuées à la rencontre du Seigneur dans les airs, et ainsi, nous serons toujours avec le Seigneur.*

Combien cela sera merveilleux pour Jésus de revenir entouré et gardé par l'innombrable armée céleste et de nombreux anges dans les nuées! A ce moment, tous les gens qui auront été sauvés par la foi «seront enlevés» dans les airs et assisteront aux Sept années de Banquet Céleste.

Ceux qui sont déjà morts mais sauvés en Christ ressusciteront premièrement et seront enlevés dans les airs, suivis par ceux qui sont toujours vivants au moment du retour de Jésus, et dont les corps seront transformés en corps impérissables.

L'enlèvement et les sept années du Banquet de noces

«L'enlèvement» est un évènement au cours duquel les croyants seront élevés dans les airs. Où donc sont «les airs» mentionnés dans 1 Thessaloniciens 4?

Selon Ephésiens 2 :2, qui dit que *«dans lesquels vous marchiez autrefois, selon le train de ce monde, selon le prince de la puissance de l'air, de l'esprit qui agit maintenant dans les fils de la rébellion.»* «L'air» signifie ici l'endroit où les esprits impurs ont autorité.

Mais cet endroit pour les esprits impurs ne nous indique pas l'endroit du Banquet de Noces de sept ans. Dieu, notre Père a préparé un endroit spécial pour le Banquet. La raison pour laquelle la Bible appelle l'endroit préparé «les airs» qui est le même nom que l'endroit où sont les esprits impurs, parce que les deux endroits sont dans le même espace.

Lorsque vous regardez vaguement le ciel, vous pourriez éprouver des difficultés à comprendre où se trouvent «les airs» - dans lesquels nous rencontrerons Jésus, et où se déroulera le Banquet de Noces de sept ans. Les réponses se trouvent dans la série «Lectures sur la Genèse» et les deux parties du livre *«Le Ciel»*. Veuillez vous référer à ces messages, parce qu'il est vital de comprendre correctement le monde spirituel et de croire en la Bible telle qu'elle est.

Pouvez-vous vous imaginer combien seront heureux les croyants en Jésus-Christ, qui se sont préparés en tant que Son épouse, lorsqu'ils rencontreront finalement leur époux, et assisteront à leur Banquet de Noces qui durera sept ans?

> *Réjouissons-nous et soyons dans l'allégresse, et donnons Lui gloire, car les noces de l'agneau sont venues et son épouse s'est préparée, et il lui a été donné de se revêtir d'un lin fin, éclatant, pur. Car le lin fin sont les œuvres justes des saints. Et l'ange me dit «Écris, heureux ceux qui sont appelés au festin de*

noces de l'agneau!» et il me dit «Ces paroles sont les véritables paroles de Dieu.» (Apocalypse 19 :7-9)

D'une, part, ces croyants qui ont été enlevés dans les airs recevront une récompense pour avoir vaincu le monde. D'autre part, ceux qui n'auront pas été enlevés souffriront d'afflictions d'une ampleur inimaginable par les esprits impurs qui auront été chassés des airs vers la terre lors du retour de Jésus.

Les sept années de la grande tribulation

Pendant que les croyants qui ont été sauvés jouiront de la fête du banquet dans les airs avec Jésus-Christ pendant sept ans, partageant la joie avec Lui, et planifiant leur avenir de bonheur, tous ceux qui seront restés sur la terre vont faire face à des tribulations d'un niveau sans précédent pendant sept années et des désastres indescriptibles et effrayants vont s'abattre sur l'humanité.

La troisième guerre mondiale et la marque de la bête

Lors d'une guerre nucléaire à venir à l'échelle mondiale, la troisième guerre mondiale, un tiers de tous les arbres sur la terre seront brûlés et un tiers de l'humanité périra. Pendant la même guerre, il deviendra difficile de trouver de l'air respirable et de l'eau potable à cause d'une sévère pollution, et le prix des produits alimentaires et de première nécessité va grimper en fusée.

ENFER

La marque de la bête, «666» sera présentée et chacun sera assujetti à la recevoir soit sur la main droite ou sur le front. Si un individu refuse de recevoir la marque, son identité ne sera pas garantie et il ne sera capable de faire aucune transaction, ni d'acheter même des produits de nécessité.

> *Et elle fit que tous, petits et grands, riches et pauvres, libres et esclaves, reçussent une marque sur leur main droite ou sur leur front et que personne ne pût acheter ni vendre, sans avoir la marque, le nom de la bête ou le nombre de son nom. C'est ici la sagesse. Que celui qui a de l'intelligence calcule le nombre de la bête. Car c'est un nombre d'homme, et son nombre est six cents soixante six. (Apocalypse 13 :16-18).*

Parmi ceux qui seront laissés après l'avènement de Jésus et l'enlèvement, il y a des gens qui ont entendu l'évangile ou fréquenté une église, et se souviennent maintenant de la parole de Dieu.

Il y a ceux qui ont délibérément abandonné leur foi, et d'autres qui pensaient qu'ils croyaient en Dieu, mais qui sont malgré tout laissés en arrière. S'ils avaient cru en Dieu de tout leur cœur, ils auraient mené de bonnes vies en Christ.

Au lieu de cela, ils ont toujours été tièdes et se sont dit «je vais savoir si le ciel et l'enfer existent réellement, uniquement après ma mort», et ils n'avaient donc pas le niveau de foi nécessaire pour leur salut.

Punitions pour les gens qui ont reçu la marque de la bête

De telles personnes ne réaliseront que chaque parole de la Bible est vraie uniquement après qu'elles aient été témoins de l'enlèvement. Elles pleurent et se lamentent amèrement. Saisis par une grande peur, elles se repentent de ne pas avoir vécu selon la volonté de Dieu et cherchent désespérément un chemin vers le salut. De plus, parce qu'elles savent que recevoir la marque de la bête ne fera que les conduire en enfer, elles font tout ce qu'elles peuvent pour ne pas la recevoir. Même de cette manière, elles vont essayer de prouver leur foi.

> *Et un autre, un troisième ange les suivit, en disant d'une voix forte: Si quelqu'un adore la bête et son image, et reçoit une marque sur son front ou sur sa main, il boira, lui aussi, du vin de la fureur de Dieu, versé sans mélange dans la coupe de sa colère, et il sera tourmenté dans le feu et le soufre, devant les saints anges et devant l'agneau. Et la fumée de leur tourment monte aux siècles des siècles; et ils n'ont de repos ni jour ni nuit, ceux qui adorent la bête et son image, et quiconque reçoit la marque de son nom. C'est ici la persévérance des saints, qui gardent les commandements de Dieu et la foi de Jésus. (Apocalypse 14 :9-12).*

Cependant, il n'est pas facile de refuser la marque de la bête, principalement dans un monde où les esprits impurs ont complètement pris le contrôle de toutes choses. Simultanément, les esprits impurs savent également que ces gens vont recevoir leur salut en refusant la marque 666 et en mourant en martyrs. C'est pourquoi les esprits impurs ne veulent, ni ne peuvent abandonner facilement.

Pendant les temps de l'église primitive, il y a deux mille ans, beaucoup d'autorités gouvernantes ont persécuté les chrétiens, en les crucifiant, les décapitant ou les laissant en proie aux lions. S'ils étaient persécutés et tués de cette manière, un nombre incalculable de gens recevraient une mort rapide pendant les sept années de la Grande Tribulation. Cependant, pendant cette période de sept ans, les esprits impurs ne rendront pas les choses faciles pour les gens laissés en arrière. Les esprits impurs vont forcer les gens à renier Jésus par n'importe quel moyen possible, et en mobilisant toutes les ressources qu'ils possèdent contre ces gens. Cela ne veut pas dire que ces gens peuvent se suicider pour éviter le tourment, parce que le suicide ne conduit qu'en enfer.

Ceux qui deviendront des martyrs

J'ai déjà mentionné quelques unes des cruelles tortures utilisées par les esprits impurs. Pendant la Grande Tribulation, des méthodes de torture dépassant l'imagination seront utilisées librement. De plus, comme le tourment est pratiquement impossible à supporter, seul un petit nombre de gens recevront leur salut pendant cette période.

En raison de cela, nous devons tous être spirituellement

Le salut pendant la grande tribulation

éveillés à chaque instant et posséder le type de foi qui nous enlèvera dans les airs au moment de la venue de Christ.

Pendant que je priais, Dieu m'a montré une vision dans laquelle des gens laissés en arrière après l'enlèvement recevaient toutes sortes de tortures. J'ai vu que la plupart des gens n'étaient pas capables de les supporter et succombaient finalement devant les esprits impurs.

Les types de torture, allant de la peau écorchée au brisement et la destruction de leurs jointures, en passant par l'ablation de leurs doigts et orteils et à l'huile bouillante versée sur eux. Certaines personnes qui sont capables de supporter leur propre tourment, ne peuvent résister au fait de voir leurs vieux parents ou leurs petits enfants souffrir, et ils succombent à la marque 666.

Cependant, il y a un petit nombre de gens justes qui surmontent toutes les tentations et les tourments. Ces gens reçoivent leur salut. Même s'il s'agit d'un salut honteux et qu'ils entrent au Paradis appartenant au ciel. Ils sont seulement reconnaissants et heureux qu'ils ne tombent pas en enfer.

Ceci est la raison pour laquelle nous sommes obligés de répandre ce message de l'enfer partout dans le monde. Même s'il apparaît que ces gens ne prêtent pas attention maintenant, s'ils s'en souviennent pendant la Grande Tribulation, cela préparera la voie de leur salut.

Certaines personnes disent qu'elles mourront de la mort d'un martyr pour recevoir leur salut si l'Enlèvement a réellement lieu et qu'elles sont laissées en arrière.

Cependant, si elles ne sont pas parvenues à avoir la foi dans ce temps de paix, comment pourraient-elles vraiment défendre leur foi au milieu d'un tourment tellement brutal? Nous ne pouvons même pas prédire ce qui peut nous arriver dans les dix prochaines minutes. Si elles meurent avant d'avoir l'opportunité de mourir de la mort d'un martyr, seul l'enfer les attend.

Le martyre pendant la grande tribulation

Afin de vous aider à comprendre plus facilement le tourment de la Grande Tribulation, et vous permettre de demeurer spirituellement éveillés, afin que vous puissiez l'éviter, laissez-moi vous l'expliquer avec l'exemple d'une âme.

Depuis que cette femme a reçu la grâce incommensurable de Dieu, elle a eu l'occasion de voir et d'entendre des choses glorieuses et cachées à propos de Dieu. Cependant, son cœur était rempli de méchanceté et elle avait peu de foi.

Avec de tels dons de Dieu, elle a rempli des fonctions importantes, a joué un rôle crucial dans l'expansion du royaume de Dieu, et a souvent été agréable à Dieu par ses œuvres. Il est facile pour les gens de présumer «ces gens qui ont d'importantes fonctions dans l'église doivent être des hommes et des femmes de grande foi!»

Cependant, cela n'est pas nécessairement vrai. De la perspective de Dieu, il y a un nombre incalculable de croyants dont la foi est tout sauf «grande». Dieu ne mesure pas la foi charnelle, mais la foi spirituelle.

Dieu veut la foi spirituelle

Examinons brièvement la « foi spirituelle » au travers de l'histoire de la délivrance des israélites d'Egypte. Les israélites ont vu et expérimenté les dix Plaies de Dieu. Ils ont vu la Mer Rouge coupée en deux et Pharaon et son armée y être noyés. Ils ont expérimenté la direction de Dieu par la colonne de nuée le jour et la colonne de feu la nuit. Chaque jour ils ont mangé la manne du ciel, entendu la voix de Dieu assis dans les nuées et vu Ses œuvres de feu. Ils ont bu l'eau d'un rocher après que Moïse l'ait frappé et ont vu l'eau amère de Mara devenir pure. Malgré qu'ils aient expérimenté continuellement les œuvres et les signes du Dieu vivant, leur foi n'a jamais plu ou été acceptable à Dieu. Ils n'ont donc pas pu entrer en fin de compte dans la terre promise de Canaan. (Nombres 20 :12)

D'une part, une foi sans œuvres, peu importe comment on connaît Dieu ou entendu et expérimenté Ses œuvres et Ses miracles, n'est pas une foi véritable. D'autre part, si nous parvenons à posséder la foi spirituelle nous n'arrêterons pas d'apprendre la parole de Dieu ; nous deviendrons obéissants à la parole, circoncirons notre cœur et éviterons toute espèce de mal. Que nous ayons une « grande » ou une « petite » foi est déterminée par la manière où nous sommes obéissants à la parole de Dieu, nous comportons, vivons en accord avec elle et ressemblons au cœur de Dieu.

La désobéissance répétée est de l'arrogance

Vu sous cet aspect, la femme avait peu de foi. Elle a essayé pour un temps de circoncire son cœur, mais n'est pas parvenue à abandonner complètement le mal. De plus, parce qu'elle était dans la position de prêcher la parole de Dieu, elle en est devenue encore plus arrogante.

La femme croyait qu'elle avait une foi véritable et grande. Elle en est arrivée à croire que la volonté de Dieu ne pouvait pas être accomplie ou menée à bien sans sa présence ou son assistance. De plus en plus, au lieu de donner gloire à Dieu pour les dons reçus de Dieu, elle a voulu en recevoir elle-même le bénéfice. De plus, elle a fait usage des biens de Dieu qui étaient à sa disposition pour satisfaire les désirs de sa nature pécheresse.

Elle a continué à désobéir de manière répétitive. Même si elle savait que c'était la volonté de Dieu pour elle d'aller à l'ouest, elle partait à l'est. La manière dont Dieu a abandonné Saül, le premier roi d'Israël à cause de sa désobéissance (1 Samuel 15 :22-23), même si les gens ont été utilisés une fois en tant qu'instruments de Dieu pour accomplir et étendre le royaume de Dieu, une désobéissance répétée poussera seulement Dieu à détourner Sa face d'eux.

Parce que la femme connaissait la parole, elle connaissait ses péchés et s'est repentie de manière répétitive. Cependant, sa prière de repentance était uniquement faite de ses lèvres, mais pas de son cœur. Elle a fini par commettre le même péché continuellement, faisant grandir ainsi le mur de péché entre Dieu et elle.

2 Pierre 2 :22 nous dit *«Il leur est arrivé ce que dit un proverbe vrai : le chien est retourné à ce qu'il avait vomi, et la truie lavée, s'est vautrée dans le bourbier»*. Après s'être repentie

de ses péchés, elle a commis les mêmes péchés encore et encore.

Finalement, parce qu'elle était prisonnière de sa propre arrogance, avidité et nombreux péchés, Dieu détourna Sa face d'elle et elle est probablement devenue un outil de Satan pour s'opposer à Dieu.

Lorsque l'opportunité finale de repentance est donnée

Généralement, ceux qui parlent contre, s'opposent ou blasphèment contre le Saint Esprit, ne peuvent pas être pardonnés. Plus jamais, ils ne recevront une opportunité de se repentir, et ils finiront dans l'Hadès.

Il y avait cependant quelque chose de différent avec cette femme. Malgré tout le mal et les péchés qui ont irrité Dieu encore et encore, Il lui avait laissé une dernière opportunité de se repentir. Ceci est parce que cette femme avait été à un moment donné, un incomparable outil pour le royaume de Dieu. Même si la femme a abandonné sa mission et la promesse de la gloire et des récompenses du ciel, parce qu'elle a grandement fait plaisir à Dieu, Il lui a donné une dernière chance.

Elle a continué à s'opposer à Dieu, et le Saint Esprit en elle s'est éteint. Cependant, par la grâce spéciale de Dieu, la femme a eu une dernière opportunité de se repentir et de recevoir son salut pendant la Grande Tribulation au moyen du martyre.

Ses pensées sont toujours prisonnières sous le contrôle de Satan, mais après l'enlèvement, elle reviendra dans son bon sens. Parce qu'elle connaît si bien la parole de Dieu, elle connaît aussi le chemin devant elle. Après avoir réalisé que le seul moyen pour elle de recevoir le salut est au travers du martyre, elle va se repentir profondément, se réunir avec des chrétiens laissés en arrière, adorer, louer et prier pendant qu'elle se prépare pour son martyre.

La mort en martyr et le salut honteux

Lorsque le temps est venu, elle refuse de recevoir la marque 666 et est automatiquement emmenée pour être torturée par ceux qui sont contrôlés par Satan. Ils l'écorchent couche par couche. Ils passent même par le feu les parties les plus tendres et intimes de son corps. Ils vont chercher une méthode pour son tourment qui soit la plus douloureuse et longue possible. Rapidement, la pièce est remplie de l'odeur de chair brûlée. Son corps est recouvert de sang de la tête aux pieds, sa tête pend et son visage est noir, teinté de bleu, comme celui d'un cadavre.

Si elle peut endurer ce tourment jusqu'au bout, malgré ses innombrables péchés et sa méchanceté du passé, elle recevra au moins le salut honteux et entrera au Paradis. Au Paradis, la partie extérieure du ciel, et l'endroit le plus éloigné du trône de Dieu, cette femme se lamentera et pleurera sur ses œuvres dans cette vie. Bien sûr, elle sera reconnaissante et joyeuse pour avoir été sauvée. Mais pour l'éternité, elle regrettera et aspirera à la Nouvelle Jérusalem, en disant « uniquement si j'avais abandonné le mal et accompli de tout mon cœur le travail de Dieu, j'aurais été dans l'endroit le plus glorieux, la Nouvelle Jérusalem... » Et lorsqu'elle voit des gens qu'elle connaissait dans cette vie vivre dans la Nouvelle Jérusalem, elle se sentira toujours honteuse et embarrassée.

Si elle reçoit la marque 666

Si elle ne supporte pas le tourment et reçoit la marque de la bête, avant le Millenium, elle sera précipitée dans l'Hadès et punie en étant crucifiée sur une croix à l'arrière de Judas Iscariote. Sa punition en Hadès est la répétition de la torture qu'elle a reçue pendant la Grande Tribulation. Pendant mille ans, sa peau sera écorchée et brûlée continuellement.

Les messagers de l'enfer et tous ceux qui ont commis le mal en la suivant vont torturer cette femme. Ils sont aussi punis selon leurs mauvaises œuvres et vengent leur colère et leur douleur sur elle.

Ils sont punis de cette manière dans l'Hadès jusqu'à la fin du Millénium. Après le Jugement, ces âmes iront en enfer brûler dans le feu et le soufre, où seulement des punitions encore plus sévères les attendent.

Le Second Avènement du Christ et le Millénium

Comme mentionné plus haut, Jésus-Christ revient dans les airs, et ceux qui sont enlevés vont jouir pendant sept années d'un banquet de noces avec Lui, pendant que la Grande Tribulation commence avec les esprits impurs qui ont été chassés des airs.

Ensuite, Jésus-Christ revient sur la terre et le Millénium commence. Les esprits impurs sont enfermés pendant ce temps dans l'Abîme. Ceux qui ont assisté au Banquet de Noces de Sept

Ans, et ceux qui sont morts en martyrs pendant la Grande Tribulation règnent sur la terre et partagent l'amour avec Jésus-Christ pendant mille ans.

> *Heureux et saints, ceux qui ont part à la première résurrection! La seconde mort n'a point de pouvoir sur eux, mais ils seront sacrificateurs de Dieu et de Christ, et ils règneront avec Lui pendant mille ans. (Apocalypse 20 :6).*

Un petit nombre de gens charnels qui ont survécu à la Grande Tribulation vivront aussi sur la terre pendant le Millénium. Cependant, ceux qui sont déjà morts sans recevoir leur salut continueront à être punis en Hadès.

Le royaume du Millénium

Lorsque le Millénium arrive, les gens jouiront d'une vie pacifique comme au temps du Jardin d'Eden, parce qu'il n'y a pas d'esprit impur. Jésus-Christ et les gens spirituels sauvés vivent dans une ville ressemblant au château des rois, séparés des gens charnels. Les gens spirituels vivent dans la ville et les gens charnels qui ont survécu à la Grande Tribulation vivent hors de la ville.

Avant le Millénium, Jésus-Christ nettoie la terre. Il purifie l'air pollué et renouvelle les plantes, les arbres les montagnes et les rivières. Il crée un merveilleux environnement.

Les gens charnels luttent pour donner naissance le plus

souvent qu'ils le peuvent, parce qu'ils ne sont plus que quelques uns. L'air pur et l'absence d'esprits impurs ne laissent pas de place aux maladies et au mal. L'injustice et le mal dans le cœur des gens ne sont pas révélés en ce temps là, parce que les esprits impurs qui génèrent le mal sont confinés dans l'Abîme.

Comme aux jours avant Noé, les gens vivront des centaines d'années. La terre sera rapidement peuplée d'un nombre incalculable de gens en mille ans. Les gens ne mangent pas de viande, mais des fruits parce qu'il n'y a aucune destruction de vie.

De plus, cela leur prendra beaucoup de temps pour atteindre le niveau de croissance scientifique, parce qu'une grande partie de la civilisation aura été détruite par les guerres pendant la Grande Tribulation. Le temps passant, le niveau de leur civilisation peut atteindre celui d'aujourd'hui, tandis qu'ils augmentent leur sagesse et leur connaissance.

Les gens spirituels et les gens charnels se côtoient

Il n'est pas nécessaire pour les gens spirituels qui vivent avec Jésus-Christ sur la terre de manger de la manière dont les gens charnels le font, parce que les corps de ce groupe ont déjà été transformés en corps spirituels ressuscités. Ils consomment généralement l'arôme des fleurs et autres choses du même genre, mais, s'ils le désirent, ils peuvent avoir la même nourriture que les gens charnels. Cependant, les gens spirituels ne se réjouissent pas de la nourriture physique et même s'ils la mangent, ils n'ont pas des excréments de la manière où les gens charnels en ont. Tout comme le Jésus ressuscité a respiré après qu'il ait mangé un morceau de poisson, la nourriture des gens spirituels est décomposée en l'air en respirant.

Les gens spirituels prêchent aussi et témoignent de Jésus-Christ aux gens charnels, de manière à ce que, à la fin du Millénium, lorsque les esprits impurs seront relâchés pendant un temps bref de l'Abîme, les gens charnels ne soient pas tentés. Le temps est avant le Jugement, et Dieu n'a pas encore enfermé les esprits impurs de manière permanente dans l'abîme, mais seulement pendant mille ans (Apocalypse 20 :3).

A la fin du Millénium

Lorsque le Millénium prend fin, les esprits impurs qui ont été enfermés dans l'abîme pendant les mille ans sont relâchés pour peu de temps. Ils commencent à tenter et à tromper les gens charnels qui ont vécu pacifiquement. La plupart des gens charnels sont tentés et trompés et ce peu importe combien de gens spirituels les ont mis en garde contre cela. Malgré que les gens spirituels les aient prévenu en détail des choses à venir, les gens charnels sont malgré tout tentés et font des plans pour s'opposer et faire la guerre aux gens spirituels.

> *Quand les mille ans seront accomplis, Satan sera relâché de sa prison, et il sortira pour séduire les nations qui sont aux quatre coins de la terre, Gog et Magog, afin de les rassembler pour la guerre ; leur nombre est comme le sable de la mer. Et ils montèrent sur la surface de la terre, et ils investirent le camp des*

saints et la ville bien-aimée. Mais un feu descendit du ciel et les dévora. (Apocalypse 20 :7-9)

Cependant, Dieu va détruire par le feu les gens charnels qui ont provoqué la guerre, et il va précipiter les esprits impurs qui avaient été relâchés brièvement à nouveau dans l'abîme après le Jugement du Grand Trône Blanc.

A la fin, les gens charnels qui se sont multipliés pendant le Millénium seront aussi jugés selon la justice de Dieu. D'une part, tous les gens qui n'ont pas reçu leur salut – parmi eux, il y a ceux qui ont survécu aux sept années de la Grande Tribulation – seront précipités en enfer. D'autre part, ceux qui ont reçu le salut entreront au ciel, et selon leur foi vont résider dans différents endroits du ciel, dont la Nouvelle Jérusalem, le Paradis et ainsi de suite.

Après le Jugement du Grand Trône Blanc, le monde spirituel est divisé entre ciel et enfer. J'expliquerai ce sujet dans le chapitre suivant.

Se préparant à devenir la belle épouse du Seigneur

Afin d'éviter d'être laissé en arrière dans la Grande Tribulation, vous devez vous préparer en tant que merveilleuse épouse de Jésus-Christ et L'accueillir à son avènement.

Matthieu 25 :1-13 est la parabole des dix vierges, qui sert de grande leçon pour tous les croyants. Même si vous confessez votre foi en Dieu, vous pourriez ne pas être capable de saluer votre époux Jésus-Christ si vous n'avez pas assez d'huile en réserve pour votre lampe. Cinq vierges ont préparé leur huile afin qu'elles puissent saluer leur époux et entrer au banquet de noces. Les cinq autres vierges n'ont pas préparé leur huile et n'ont pas pu rejoindre le banquet.

Comment donc pouvons nous nous préparer comme les cinq vierges sages, devenir une épouse du Seigneur et éviter de tomber dans la Grande Tribulation, mais au contraire, participer au banquet de noces?

Priez de manière fervente et demeurez éveillés

Même si vous êtes un nouveau croyant et avez une foi faible, aussi longtemps que vous faites de votre mieux pour circoncire votre cœur, Dieu vous protégera même au milieu des pires épreuves. Peu importe la difficulté des circonstances, Dieu va vous envelopper d'une couverture de vie et vous fera traverser chaque épreuve facilement.

Cependant, Dieu ne peut pas protéger, même ceux qui ont été croyants pendant longtemps, qui ont accompli les tâches données par Dieu, et connaissent beaucoup de choses de la parole de Dieu, s'ils arrêtent leur prière, arrêtent d'aimer la sanctification et arrêtent de circoncire leur cœur.

Lorsque vous rencontrez des difficultés, vous devez être capables de discerner la voix du Saint Esprit afin de les surmonter. Cependant, si vous ne priez pas, comment voulez vous écouter la voix du Saint Esprit et mener une vie victorieuse?

Comme vous n'êtes pas remplis complètement par le Saint Esprit, vous allez vous appuyer de plus en plus sur vos propres pensées et trébucher de temps à autre, tentés par Satan.

De plus, maintenant que nous approchons de la fin des temps, les esprits impurs rôdent comme des lions rugissant, cherchant quelqu'un à dévorer, parce qu'ils savent que leur fin est très proche. Nous voyons souvent un étudiant paresseux bosser et perdre son sommeil dans les jours qui précèdent les examens. De même, si vous êtes un croyant, qui sait que nous vivons dans des jours qui conduisent à la fin des temps, vous devez demeurer éveillés et vous préparer en tant que merveilleuse épouse du Seigneur.

Abandonnez le mal et ressemblez au Seigneur

Quels types de gens demeurent éveillés? Ils prient sans cesse, sont toujours remplis du Saint Esprit, croient en la parole de Dieu et vivent selon cette parole.

Lorsque vous restez éveillés tout le temps, vous communiquerez toujours avec le Seigneur afin que vous ne puissiez pas être tentés par les esprits impurs. De plus, vous pouvez facilement surmonter n'importe quelle épreuve parce que le Saint Esprit vous rend conscient à l'avance des choses à venir, guide votre route et vous permet de réaliser la parole de vérité.

Oui, ceux qui ne demeurent pas éveillés ne peuvent pas entendre la voix du Saint Esprit et sont ainsi facilement tentés par Satan et ils vont sur le chemin de la mort. Demeurer éveillé, c'est circoncire votre cœur, vous comporter et vivre en accord avec la parole de Dieu, et devenir sanctifié.

Apocalypse 22 :14 nous dit que *«heureux ceux qui lavent leurs robes, afin d'avoir droit à l'arbre de vie et d'entrer par les portes dans la ville.»* Dans ce passage «robes» se réfère à un attirail formel. Spirituellement, «robes» se réfère à votre cœur et votre conduite. «Laver sa robe» symbolise chasser le mal et suivre la parole de Dieu afin de devenir spirituel et de ressembler de plus en plus à Jésus-Christ. Ceux qui sont sanctifiés de cette manière gagnent le droit d'entrer par les portes du ciel et de jouir de la vie éternelle.

Les gens qui lavent leur robe avec foi

Comment pouvons-nous réellement laver nos robes? Vous devez premièrement circoncire votre cœur avec la parole de vérité et la prière fervente. En d'autres termes, vous devez rejeter tout ce qui n'est pas vrai et ce qui est mal de votre cœur et le remplir uniquement de ce qui est vrai. Tout comme vous lavez la saleté de vos vêtements dans de l'eau claire, vous devez laver les sales péchés, l'incrédulité et le mal dans votre cœur au moyen de la parole de Dieu, l'eau de vie, et revêtir la robe de la vérité et ressembler au cœur de Jésus-Christ. Dieu bénira tous ceux qui ont démontré la foi en action et ont circoncis leurs cœurs.

Apocalypse 3 :5 nous dit *«Celui qui vaincra ainsi sera revêtu de vêtements blancs, Je n'effacerai point son nom du livre de vie, et Je confesserai son nom devant mon Père et devant Ses anges.»* Les gens qui vaincront le monde par la foi et marcheront dans la vérité, jouiront de la vie éternelle au ciel, parce qu'ils possèdent le cœur de vérité et aucun mal ne peut être trouvé en eux.

Au contraire, les gens qui marchent dans les ténèbres n'ont rien à faire avec Dieu, peu importe depuis quand ils sont chrétiens, parce qu'ils vont sûrement «passer pour être vivants, et ils sont morts.» (Apocalypse 3 :1). A cause de cela, mettez votre espérance uniquement en Dieu qui ne nous juge pas selon nos apparences mais examine uniquement nos cœurs et nos œuvres. Priez aussi sans cesse et obéissez à la parole de Dieu afin que vous puissiez atteindre le salut parfait.

La plupart de nos ancêtres de foi pouvaient dire merci quand ils étaient lapidés à mort ou crucifiés puisqu'ils avaient tous l'espoir ardent de rencontrer leur époux ,le Seigneur Jésus-Christ.

D'un côté,quand vous vous arrêtez de prier et de circoncire votre cœur,vous serez tentés par Satan et vous allez trébucher .De l'autre côté,quand vous restez éveillés,vous vous débarrassez de péchés et vous vainquez toute chose par la foi ,vous allez devenir une belle épouse du Seigneur.

Au nom du Seigneur ,je prie que vous n'allez pas seulement être contents avec le salut que vous avez récu, mais dans l'espoir ardent de saluer votre époux ,vous allez tenir plus ferme et donner le meilleur de vous-même pour vous préparer comme une belle épouse de Jésus-Christ!

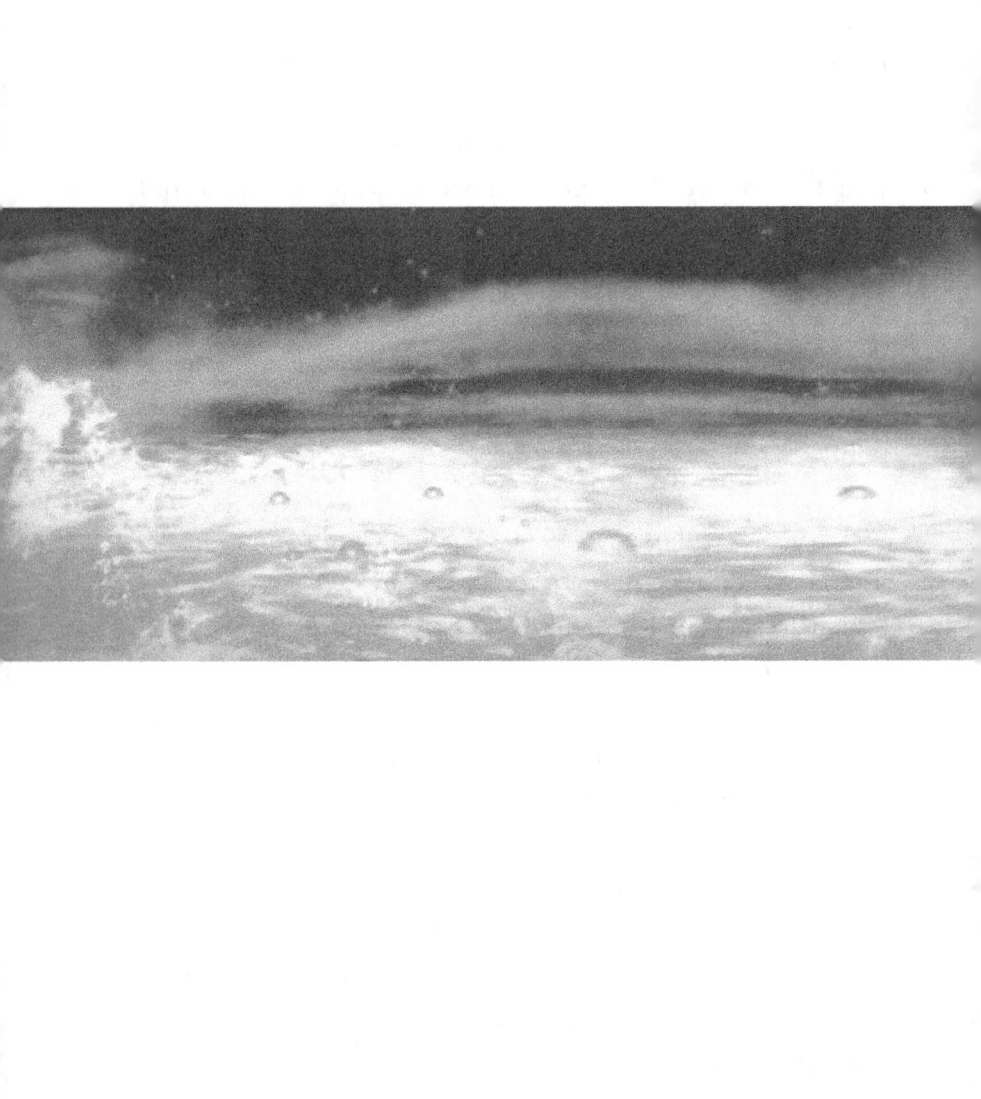

Chapitre 8

Punitions en enfer après le Grand Jugement

Les âmes non sauvées tombent en enfer après le Jugement

L'étang de feu et l'étang de soufre brûlant

Certains restent en Hadès même après le Jugement

Les esprits impurs confinés dans l'Abîme

Où les démons finiront-ils?

*où leur ver ne meurt point, et où le feu ne s'éteint
point. Car tout homme sera salé de feu.*
- Marc 9:48-49 -

*Et le diable, qui les séduisait, fut jeté dans l'étang
de feu et de soufre, où sont la bête et le faux
prophète. Et ils seront tourmentés jour et nuit,
aux siècles des siècles.*
- Apocalypse 20:10 -

Le Millénium commence sur cette terre avec l'avènement de Christ, et après cela, suit le Jugement du Grand Trône Blanc. Le Jugement – qui déterminera le ciel ou l'enfer, et récompenses ou punitions – jugera chacun selon ce qu'il/ elle aura fait dans cette vie. Certains jouiront donc du bonheur éternel dans le ciel, et d'autres seront punis pour l'éternité en enfer. Entrons dans le Jugement du Grand Trône Blanc, au travers duquel il sera décidé entre ciel et terre, et quel genre d'endroit est l'enfer.

Les âmes non sauvées tombent en enfer après le Jugement

En juillet 1982, pendant que j'étais en prière pour le commencement de mon ministère, j'ai reçu la révélation pour le Jugement du Grand Trône Blanc dans les détails. Dieu me montra une scène dans laquelle Il était assis sur Son trône, le Seigneur Jésus-Christ et Moïse étaient debout devant le Trône, et ceux qui jouaient le rôle du jury. Malgré que Dieu juge avec une précision et une justice qui ne sont comparables à aucun juge dans ce monde. Il prendra des décisions avec Jésus-Christ en tant qu'avocat d'amour, Moïse en tant que procureur de la loi, et le peuple en tant que jurés.

Les punitions de l'enfer sont décidées lors du Jugement

Apocalypse 20 :11-15 nous dit comment Dieu juge avec

précision et justice. Le Jugement est appliqué avec le Livre de Vie dans lequel les noms des gens sauvés sont mentionnés et les livres dans lesquels sont recensés toutes les œuvres des gens.

> *Puis je vis un grand trône blanc, et celui qui était assis dessus. La terre et le ciel s'enfuirent devant Sa face, et il ne fut plus trouvé de place pour eux. Et je vis les morts, les grands et les petits qui se tenaient debout devant le trône. Des livres furent ouverts. Et un autre livre fut ouvert, celui qui est le livre de vie, et les morts furent jugés selon leurs œuvres, d'après ce qui est écrit dans ces livres. La mer rendit les morts qui étaient en elle, la mort et le séjour des morts rendirent les morts qui étaient en eux ; et chacun fut jugé selon ses œuvres. Et la mort et le séjour des morts furent jetés dans l'étang de feu. Quiconque ne fut pas trouvé écrit dans le livre de vie fut jeté dans l'étang de feu.*

«La mort» ici, se réfère à tous ceux qui n'ont pas accepté Christ comme leur Sauveur ou qui ont une foi morte. Lorsque le temps choisi par Dieu arrive, «les morts» ressuscitent et se tiennent devant le Trône de Dieu pour être jugés. Le Livre de Vie est ouvert devant le Trône de Dieu.

A part le Livre de Vie, dans lequel sont écrits les noms de tous les gens sauvés, il y a d'autres livres dans lesquels toutes les œuvres des morts sont enregistrées. Les anges enregistrent tout ce que nous faisons, disons et pensons, par exemple, maudire les autres, blesser quelqu'un, éclater de rage, faire le bien, et ainsi de suite. De la même manière où vous pouvez maintenir vivants certains événements et dialogues pendant longtemps, avec une caméra vidéo ou des enregistreurs de différents types. Dieu le Tout Puissant garde aussi chaque scène de notre vie sur la terre.

Dieu jugera donc avec justice au jour du Jugement, selon les données de ces livres. Ceux qui n'ont pas été sauvés seront jugés selon leurs mauvaises œuvres et recevront pour l'éternité en enfer, diverses sortes de punitions, selon la gravité de leurs péchés.

L'étang de feu ou de soufre brûlant

La portion « la mer rendit tous les morts qui étaient en elle » ne signifie pas que la mer a rendu tous ceux qui s'y étaient noyés. La « mer » ici représente spirituellement le monde. Cela signifie que ceux qui ont vécu dans le monde et qui sont retournés à la poussière vont ressusciter afin d'être jugés devant Dieu.

Que signifie alors de dire « la mort et le séjour des morts rendirent les morts qui étaient en eux » ? Cela veut dire que ceux qui ont souffert en Hadès vont aussi ressusciter et se tenir devant Dieu pour être jugés. Après avoir été jugés par Dieu, beaucoup de ceux qui ont souffert dans l'Hadès, seront précipités dans l'étang de feu ou l'étang de soufre brûlant, selon la gravité de leurs péchés parce que, comme mentionné plus haut, les punitions de l'Hadès sont exécutées jusqu'au Jugement du Grand Trône Blanc.

Mais pour les lâches, les incrédules, les abominables,

> *les meurtriers, les impudiques, les enchanteurs, les idolâtres et tous les menteurs, leur part sera dans l'étang ardent de feu et de soufre, ce qui est la seconde mort. (Apocalypse 21 :8)*

Les punitions dans l'étang de feu ne peuvent être comparées à celles dans l'Hadès. C'est «là ou le ver ne meurt pas et le feu ne s'éteint jamais» et «tous les hommes seront salés de feu» (Marc 9 :48-49). De plus, l'étang de soufre brûlant est sept fois plus chaud que l'étang de feu.

Jusqu'au Jugement, les gens sont déchirés par des insectes et des animaux, torturés par les messagers de l'enfer, ou souffrent de diverses sortes de punitions dans l'Hadès qui sert de lieu d'attente sur la route de l'enfer. Après le Jugement, uniquement la douleur de l'étang de feu et de soufre brûlant va rester.

L'agonie dans l'étang de feu ou de soufre brûlant

Lorsque j'ai donné ces messages sur les lieux épouvantables de l'Hadès, beaucoup des membres de mon église se sentirent incapables de retenir leurs larmes ou des tremblements en se lamentant sur ceux qui étaient dans un tel lieu effrayant. Cependant, les souffrances des punitions dans l'étang de feu ou de soufre brûlant sont nettement plus graves que n'importe quelle punition en Hadès. Pouvez-vous imaginer ne fut ce qu'un peu l'ampleur du tourment? Même si nous essayons, il y a une limite pour nous, qui sommes toujours dans la chair, pour comprendre les concepts spirituels.

De même, comment pouvons-nous comprendre la gloire et la beauté du ciel, dans toute son étendue? Le mot «éternité», lui-même n'est pas quelque chose avec lequel nous sommes familiers et nous sommes obligés d'apprécier approximativement. Même si nous essayons de nous imaginer la vie au ciel, basée sur la «joie», «le bonheur», «l'enchantement», «la beauté», et autres choses identiques, ce n'est en rien comparable à la vie que nous vivrons un jour au ciel. Lorsque vous allez au ciel, voyez tout avec vos propres yeux, et expérimentez la vie, votre mâchoire tombera à terre et vous serez sans voix. De même, à moins que nous n'expérimentions le tourment de l'enfer, nous ne pouvons jamais totalement saisir la magnitude et le montant des souffrances qui sont au-delà des limites de ce monde.

Ceux qui tombent dans l'étang de feu ou de soufre brûlant

Malgré que je vais faire de mon mieux, gardez je vous prie en mémoire que l'enfer n'est pas un endroit qui peut être décrit de manière adéquate avec les mots de ce monde, et même si j'explique du mieux de mes capacités, ma description ne sera qu'un millionième de la cruelle réalité de l'enfer. De plus, lorsqu'ils se souviennent que la durée du tourment n'est pas limitée, mais durera pour l'éternité, les âmes condamnées sont forcées de souffrir même plus.

Après le Jugement du Grand Trône Blanc, ceux qui ont reçu les premier et deuxième niveaux de punitions en Hadès, seront précipités dans l'étang de feu. Ceux qui ont reçu les troisième et quatrième niveaux de punitions seront précipités dans l'étang de soufre brûlant. Les âmes qui sont actuellement en Hadès savent que le Jugement est encore à venir, et elles savent où elles seront après le Jugement. Même si elles sont déchirées par les insectes et les messagers de l'enfer, ces âmes peuvent apercevoir de loin, l'étang de feu et de soufre brûlant en enfer et elles savent bien qu'elles seront punies là-bas.

Les âmes dans l'Hadès ne souffrent donc pas uniquement de leur douleur présente, mais aussi du tourment moral de la peur des choses à venir après le Jugement.

Le cri de lamentation d'une âme en Hadès

Pendant que je priais pour des révélations sur l'enfer, le Seigneur me permit, au travers du Saint Esprit, d'entendre le cri de lamentation d'une âme en Hadès. Lorsque j'écris chaque parole de cette lamentation, essayez de ressentir ne fut ce qu'un peu de la peur et du désespoir qui saisit cette âme.

> Comment cela peut-il être le visage d'un être humain?
> Ce n'est pas à cela que je ressemblais
> pendant ma vie sur la terre.
> Mon apparence ici est épouvantable et révoltante!
>
> Dans cette douleur et ce désespoir sans fin,
> comment puis-je être libéré?
> Que puis-je faire pour échapper à ceci?

Puis-je mourir ? Que puis-je faire ?
Puis-je avoir un peu de repos ne fut
ce qu'un instant au milieu de cette punition éternelle ?
Y a-t-il un moyen de mettre
fin à cette vie et cette douleur insupportable ?

Je blesse mon corps pour me tuer,
mais je ne puis pas mourir.
Il n'y a pas de fin... il n'y a pas de fin...
Il n'y a pas de fin au tourment de mon âme.
Il n'y a pas de fin à ce que j'endure dans ma vie.
Comment puis-je décrire ceci avec des paroles ?
Je serai bientôt précipité
dans un large et profond étang de feu.
Comment pourrais-je l'endurer ?

Le tourment ici est insupportable tel qu'il est !
Cet étang de feu qui rugit est tellement effrayant,
si profond et si chaud.
Comment vais-je le supporter ?
Comment puis-je y échapper ?
Comment puis-je vraiment échapper à ce tourment ?

Uniquement si je pouvais vivre...
Uniquement s'il y avait une possibilité
pour moi de vivre...
Uniquement si je pouvais être délivré...
Je pourrais au moins chercher une issue,

mais je ne puis la voir.

Il n'y a que ténèbres, désespoir et douleur ici
Et il n'y a que des frustrations
et de la dureté pour moi ici.
Comment dois-je endurer ce tourment?
Uniquement s'Il voulait ouvrir la porte de la vie...
Uniquement si je voyais une issue ici?

Je vous en supplie sauvez-moi!
Je vous en supplie, sauvez-moi!
C'est trop effrayant et dur pour moi à endurer.
Je vous en supplie sauvez-moi!
Je vous en supplie, sauvez-moi!
Mes jours jusqu'à maintenant ont
été douloureux et pénibles.

Comment vais-je aller dans l'étang effrayant?
Je vous en supplie sauvez-moi!
Je vous en prie, regardez-moi!
Je vous en supplie sauvez-moi!
Je vous en supplie, ayez pitié de moi!
Je vous en supplie sauvez-moi!
Je vous en supplie sauvez-moi!

Une fois que vous êtes précipité dans l'Hadès

Après la fin de la vie sur la terre, personne ne reçoit «une seconde chance». Uniquement le fait de porter le fardeau de vos actes de chaque jour, vous attend.

Lorsque les gens entendent parler de l'existence du ciel et de l'enfer, certains disent «je verrai quand je mourrai». Cependant, une fois que vous êtes morts, c'est trop tard. Parce qu'il n'y a pas de chemin de retour une fois que vous mourez, vous devez vraiment savoir cela avant de mourir.

Une fois que vous êtes précipité dans l'Hadès, peu importe la manière dont vous regrettez, vous repentez ou suppliez Dieu, vous ne pouvez pas éviter les inévitables et horribles punitions. Il n'y a aucun espoir pour votre futur mais uniquement le tourment et le désespoir éternels.

L'âme qui se lamente comme ci-dessus, sait très bien qu'il n'y a aucun moyen ou possibilité de salut. Cependant, cette âme crie à Dieu «si jamais». L'âme demande miséricorde et le salut. Le cri de cette âme devient une plainte aiguë, et ce cri ne fait que tourner dans l'espace de l'enfer et puis disparaît. Il n'y a bien sûr, pas de réponse.

Cependant, la repentance des gens dans l'Hadès n'est pas sincère et honnête, même s'ils semblent se repentir de manière aussi pitoyable. Parce que la méchanceté dans leur cœur demeure et qu'ils savent que leurs cris sont inutiles, plus de méchanceté encore émane d'eux, et ils maudissent Dieu. Ceci nous montre de toute évidence pourquoi de tels individus ne peuvent pas entrer dans le ciel.

L'étang de feu et l'étang de soufre brûlant

Dans l'Hadès, les âmes peuvent du moins implorer, reprocher et se lamenter, en se demandant «pourquoi suis-je ici?» Ils ont également peur de l'étang de feu et pensent à des moyens d'échapper au tourment, en pensant «bien, maintenant, comment puis-je échapper à ce messager de l'enfer?».

Une fois qu'ils sont précipités dans l'étang de feu cependant, ils ne peuvent penser à rien d'autre à cause de l'agonie et de la douleur sans fin. Les punitions dans l'Hadès étaient relativement légères, comparées à celles dans l'étang de feu. Les punitions dans l'étang de feu sont inimaginablement douloureuses. C'est tellement douloureux que nous ne pouvons pas les comprendre ou les envisager avec nos capacités limitées.

Mettez du sel dans une poêle à frire brûlante si vous voulez imaginer un petit peu du tourment. Vous allez voir le sel qui éclate, et cela ressemble à la scène dans l'étang de feu : les âmes sont comme le sel qui éclate.

Imaginez aussi que vous êtes dans une piscine d'eau bouillante, mesurée à 100° C. L'étang de feu est bien plus chaud que l'eau bouillante, et l'étang de soufre brûlant est sept fois plus chaud que l'étang de feu. Lorsque vous y êtes précipités, il n'y a plus de possibilité de s'échapper et vous souffrirez encore et à jamais. Le premier, second, troisième et quatrième niveaux de punitions en Hadès avant le jugement sont bien plus faciles à supporter.

Pourquoi Dieu les laisse-t-Il souffrir dans l'Hadès pendant mille ans avant de les jeter dans l'étang de feu ou l'étang de soufre brûlant ? Les personnes non sauvées vont réfléchir à elles-mêmes. Dieu veut qu'elles se rendent compte pour quelles raisons elles ont été destinées à un tel endroit effroyable comme l'enfer, et qu'elles se repentent vraiment de leurs péchés du passé. Cependant, il est très difficile de trouver des gens qui se repentent, et au contraire ils ont tendance à montrer encore plus de mal qu'auparavant. Maintenant, nous savons pourquoi Dieu a dû créer l'enfer.

Etre salé de feu dans l'étang de feu

Pendant que je priais en 1982, Dieu m'a montré une scène du Jugement du Grand Trône Blanc, et brièvement l'étang de feu et l'étang de soufre brûlant. Ces deux lacs étaient très vastes.

A distance, les deux étangs et les âmes dedans, ressemblaient à des gens dans des sources d'eau chaude. Certaines personnes étaient submergées jusqu'à la poitrine, pendant que d'autres étaient submergées jusqu'au cou, exposant uniquement leur tête.

Dans Marc 9 :48-49, Jésus a parlé de l'enfer comme d'un endroit *«où leur ver ne meurt point et où le feu ne s'éteint point. Car tout homme sera salé par le feu»*. Pouvez-vous imaginer la douleur dans un environnement tellement horrible ? Tandis que ces âmes essaient de s'échapper, tout ce qu'elles parviennent à faire est de sauter comme le sel qui éclate et claquer des dents.

Parfois des gens dans ce monde sautent et retombent pendant

qu'ils jouent ou dansent tard la nuit dans les discothèques. Après un temps, ils sont fatigués et se reposent s'ils le désirent. En enfer cependant, les âmes ne sautent pas de joie, mais à cause de la douleur extrême et, bien sûr, il n'y a pas de repos pour elles, même si elles le désirent. Elles crient de douleur tellement fort qu'elles deviennent pales et que leurs yeux brillants deviennent d'un bleu profond et deviennent injectés de sang. De plus, leur cerveau éclate et le liquide s'en écoule.

Peu importe combien désespérément elles essaient, ces âmes ne peuvent pas fuir. Elles essaient de se pousser et se soulever l'un au dessus de l'autre, mais c'est sans issue. Chaque cm de l'étang de feu, dont une rive est invisible de l'autre, maintient la même température, et la température ne diminue jamais, même avec le temps qui passe. Jusqu'au Jugement du Grand Trône Blanc, l'Hadès a été contrôlé par le commandement de Lucifer, et toutes les punitions ont été infligées selon le pouvoir et l'autorité de Lucifer.

Après le Jugement, cependant, les punitions seront données par Dieu et administrées selon Sa providence et Sa puissance. La température de l'entièreté de l'étang de feu peut donc être maintenue au même niveau.

Ce feu va faire souffrir les âmes, mais ne les tuera pas. Tout comme les parties du corps des âmes se restaurent dans l'Hadès même après avoir été coupées ou arrachées, les corps des âmes en enfer sont rapidement restaurés après qu'ils aient été brûlés.

Le corps entier et les organes internes brûlés

Comment les âmes dans l'étang de feu sont-elles punies? N'avez-vous jamais observé une scène d'une bande dessinée, des films d'animation ou des séries de dessins animés à la télévision dans lesquels un personnage est électrocuté par du courant électrique à «haut voltage»? Au moment où il est électrocuté son corps ressemble à un squelette avec une silhouette de couleur sombre qui entoure son corps. Lorsqu'il est délivré du flux électrique, il apparaît normalement. Ou figurez-vous les rayons X qui montrent les parties internes du corps humain.

De la même manière, les âmes dans l'étang de feu sont montrées sous leur forme physique pour un moment. Le moment suivant, les corps ne peuvent plus être vus et uniquement leur esprit est visible. Ce schéma se reproduit de lui-même. Dans le feu dévorant, les corps des âmes sont brûlés instantanément et disparaissent, et ensuite ils sont rapidement restaurés.

Dans ce monde, lorsque vous souffrez d'une brûlure du troisième degré, vous pouvez ne pas être capables de supporter l'étouffante sensation partout dans le corps et devenir fous. Personne ne peut comprendre le degré de cette douleur jusqu'à ce qu'il l'ait lui-même expérimenté. Vous pourriez ne pas être capables de supporter la douleur même si seuls vos bras ont été brûlés.

Généralement, la sensation d'étouffement ne part pas rapidement après la brûlure, mais perdure pendant quelques jours. La chaleur du feu s'infiltre dans le corps, et blesse les cellules, et parfois même le cœur. Alors combien plus douloureux doit ce être lorsque toutes les parties du corps et les organes internes brûlent uniquement pour être restaurés et brûlés sans cesse?

Les âmes dans l'étang de feu ne peuvent endurer la douleur, mais elles ne peuvent pas l'alléger, mourir ou même prendre un moment de repos.

L'étang de soufre brûlant

l'étang de feu est un endroit de punitions pour ceux qui ont commis des péchés relativement, plus légers et qui ont souffert du premier ou second degré de punitions dans l'Hadès. Ceux qui ont commis des péchés plus graves, et souffert des troisième ou quatrième niveaux de punitions dans l'Hadès vont entrer dans l'étang de soufre brûlant, qui est sept fois plus chaud que l'étang de feu. Comme nous l'avons mentionné plus haut, l'étang de soufre brûlant est réservé pour les personnes suivantes : ceux qui ont parlé contre, se sont opposés et ont blasphémé contre le Saint Esprit ; ceux qui ont crucifié Jésus-Christ à nouveau ; ceux qui l'ont trahi ; ceux qui ont volontairement continué à pécher ; les idolâtres extrêmes ; ceux qui ont péché après avoir vu leur conscience marquée au fer rouge ; tous ceux qui se sont opposés à Dieu avec des œuvres mauvaises ; et les faux prophètes et docteurs, qui ont enseigné des mensonges.

L'étang de feu est entièrement rempli avec du feu «rouge». L'étang de soufre brûlant est rempli de feu plus «jaune» que «rouge» et est toujours en train de bouillir avec des bulles de la taille de gourdes ici et là. Les âmes dans cet étang sont totalement submergées dans le liquide bouillant de soufre brûlant.

Surpassés par la douleur

Comment pouvez-vous expliquer la douleur dans l'étang de soufre brûlant qui est sept fois plus chaud que l'étang de feu dans lequel la douleur est déjà inimaginable ?

Laissez-moi vous expliquer avec une analogie aux choses de ce monde. Si quelqu'un devait boire un liquide qui est du fer fondu dans une forge, combien cela serait-il douloureux ? Ses organes internes seraient brûlés lorsque la chaleur suffisamment forte pour transformer du fer dur en liquide, entre dans son estomac en passant par sa gorge.

Dans l'étang de feu, les âmes peuvent du moins sauter ou hurler de douleur. Dans l'étang de soufre brûlant, cependant, les âmes ne peuvent pas râler ou penser, mais elles sont oppressées par la douleur. Le niveau de tourment et d'agonie qui doit être enduré dans l'étang de soufre brûlant ne peut être expliqué par aucun geste ni parole. De plus les âmes doivent souffrir pour l'éternité. Alors comment ce type de tourment peut-il être expliqué avec des mots ?

Certains restent en Hadès même après le Jugement

Les gens sauvés de l'Ancien Testament ont été dans le Tombeau Supérieur jusqu'à la résurrection de Jésus, et après Sa résurrection, ils sont entrés dans le Paradis et ils attendront dans le lieu d'attente du Paradis jusqu'à ce que Son Second Avènement, dans les airs ait lieu. D'une part, les gens sauvés des temps du Nouveau Testament se recyclent dans le Tombeau Supérieur pendant trois jours et entrent dans le lieu d'attente du Paradis et attendent là bas, la Seconde Venue de Jésus-Christ dans les airs.

Cependant, les enfants non nés qui sont morts dans le ventre de leur mère ne vont pas au Paradis, ni après la résurrection de Jésus-Christ, ni même après le Jugement. Ils resteront dans le Tombeau Supérieur à jamais.

De même, parmi ceux qui souffrent en ce moment dans l'Hadès sont des exceptions. Ces âmes ne sont pas jetées dans l'étang de feu, ni dans l'étang de soufre brûlant, même après le Jugement. Qui sont elles?

Les enfants qui meurent avant la puberté

Parmi les non sauvés, il y a des fœtus, de six mois d'âge ou plus tard dans la grossesse, et des enfants qui n'ont pas atteint l'âge la puberté, c'est-à-dire plus au moins douze ans. Ces âmes ne sont pas précipitées dans l'étang de feu ou de soufre brûlant. La raison en est que malgré qu'elles soient arrivées dans l'Hadès à cause de leur propre méchanceté, au moment de leur mort elles n'étaient pas assez mûres pour posséder une volonté propre. Cela signifie que leur vie dans la foi n'est pas nécessairement le chemin qu'elles auraient elles-mêmes choisies, parce qu'elles ont facilement pu être influencées par des éléments externes tels que leurs parents, leurs ancêtres et leur environnement.

Le Dieu d'amour et de justice considère ces facteurs et ne les précipite pas dans l'étang de feu ou de soufre brûlant, même après le Jugement. Cela ne veut cependant pas dire que leur punition va disparaître ou diminuer. Elles seront punies éternellement de la manière dont elles étaient punies dans l'Hadès.

Etant donné que le salaire du péché est la mort

Sauf pour ce cas, tous les gens en Hadès seront précipités dans l'étang de feu ou de soufre brûlant, selon les péchés qu'ils ont commis pendant qu'ils grandissaient sur la terre. Dans Romains 6 :23, il est écrit *«Car le salaire du péché, c'est la mort, mais le don de Dieu, c'est la vie éternelle en Jésus-Christ notre Seigneur»*. «Mort» ne se réfère pas ici à la fin de la vie sur la terre, mais signifie la punition éternelle soit dans l'étang de feu, soit l'étang de soufre brûlant. Le terrible et agonisant tourment de la punition éternelle, est le salaire du péché, et maintenant vous savez que le péché est terrible, répugnant et vil.

Si les gens connaissaient un peu de l'éternelle misère de l'enfer, comment ne pourraient-ils pas avoir peur d'aller en enfer ?

ENFER

Comment ne pourraient-ils pas accepter Jésus-Christ, obéir, et vivre selon la parole de Dieu?

Jésus nous dit ce qui suit dans Marc 9 :45-47 :

> *Si ton pied, (ta main) est pour toi une occasion de chute, coupe-le ; mieux vaut pour toi entrer boiteux (manchot) dans la vie, que d'avoir les deux pieds (mains) et d'être jeté dans la géhenne, dans le feu qui ne s'éteint point. Et si ton œil est pour toi une occasion de chute, arrache-le ; mieux vaut pour toi d'entrer borgne dans le royaume des cieux que d'avoir deux yeux et d'être jeté dans la géhenne.*

Il vaut mieux pour vous de couper votre pied pour avoir été dans des lieux où vous ne devriez pas aller, que de tomber en enfer. Il vaut mieux pour vous de couper vos mains si vous commettez des péchés en faisant des choses que vous ne devriez pas faire, que de tomber en enfer. De la même manière, il vaut mieux pour vous d'arracher votre œil si vous commettez des péchés en regardant des choses que vous ne devriez pas voir.

Cependant, par la grâce de Dieu, qui nous est donnée gratuitement, nous ne devons pas couper nos mains et pieds, ni arracher notre œil pour pouvoir entrer dans le ciel. Ceci est parce que notre Agneau sans tâche ni péché, le Seigneur Jésus-Christ a été crucifié à notre place, a eu les mains et les pieds cloués et a porté une couronne d'épines.

Le Fils de Dieu a paru pour détruire les œuvres du diable

Pour cela, quiconque croit au sang du Seigneur Jésus-Christ est pardonné, libéré de la punition de l'étang de feu ou de soufre brûlant et récompensé par la vie éternelle.

1 Jean 3 :8-9 nous dit *«Celui qui pèche est du diable, car le diable pèche depuis le commencement. Le Fils de Dieu a paru afin de détruire les œuvres du diable. Quiconque est né de Dieu ne pratique pas le péché, parce que la semence de Dieu demeure en lui ; et il ne peut pécher, parce qu'il est né de Dieu».*

Pécher est plus que des actes, tels le meurtre, le vol ou l'escroquerie. Le mal dans le coeur de quelqu'un est un péché plus sérieux. Dieu déteste le péché dans nos cœurs. Il hait un cœur mauvais qui juge et condamne lui-même les autres, un cœur méchant qui hait et trébuche, et un cœur méchant qui trompe et trahit. A quoi ressemblerait le ciel si des personnes avec de tels cœurs étaient autorisées à entrer et à y vivre ? Même au ciel, les gens commenceraient à discuter à propos de bien et du mal, c'est pourquoi, Dieu ne permet pas à des gens mauvais d'entrer dans le ciel.

Par contre, si vous devenez un enfant de Dieu, rendu puissant par le sang de Jésus-Christ, vous ne devez plus suivre le mensonge ou servir comme un esclave du diable, mais vivre dans la vérité comme un enfant de Dieu, qui est Lui-même lumière. Alors seulement, vous posséderez toute la gloire du ciel, gagnerez les bénédictions pour vous réjouir de l'autorité en tant qu'enfant de Dieu, et prospèrerez même dans ce monde.

Vous ne devez pas commettre de péché en professant votre foi

Dieu nous a tant aimé, qu'Il a envoyé Son Fils unique, innocent afin qu'il meure pour nous à la croix. Pouvez-vous alors imaginer comment Dieu doit se lamenter et être irrité lorsqu'Il voit ceux qui affirment qu'ils sont «enfants de Dieu», commettre des péchés, sous l'influence du diable, et avancer vers l'enfer aussi rapidement?

Je vous demande de ne pas commettre de péchés, mais d'obéir aux commandements de Dieu, vous affirmant ainsi en tant qu'enfant précieux de Dieu. Lorsque vous faites cela, toutes vos prières seront exaucées plus rapidement et vous deviendrez un véritable enfant de Dieu, et finalement, vous entrerez et vivrez dans la glorieuse Nouvelle Jérusalem. Vous allez aussi gagner la puissance et l'autorité de chasser les ténèbres de ceux qui ne connaissent pas encore la vérité, continuent à commettre des péchés et deviennent esclaves du diable. Vous recevrez la puissance pour les conduire à Dieu.

Puissiez-vous être un véritable enfant de Dieu, recevoir des réponses à toutes vos prières et demandes, Le glorifier, et délivrer un nombre incalculable de personnes du chemin de l'enfer, afin que vous puissiez atteindre la gloire de Dieu, resplendissant comme le soleil dans le ciel.

Les esprits impurs confinés dans l'Abîme

Selon le Dictionnaire Webster du Collège du Nouveau Monde, le terme «Abîme» est défini comme un «gouffre sans fond», «abîme» ou «tout ce qui est trop profond pour être mesuré». Dans le sens biblique, l'Abîme est la partie la plus profonde et basse de l'enfer. Il est réservé exclusivement aux esprits impurs qui sont sans rapport avec la culture humaine.

> *Puis, je vis descendre du ciel un ange qui avait la clé de l'abîme et une grande chaîne dans sa main. Il saisit le dragon, le serpent, qui est le diable et Satan et il le lia pour mille ans. Il le jeta dans l'abîme, ferma et scella l'entrée au dessus de lui, afin qu'il ne séduisit plus les nations, jusqu'à ce que les mille ans fussent accomplis. Après cela, il faut qu'il soit délié pour un peu de temps. (Apocalypse 20 :1-3)*

Ceci est la description d'un moment après les sept années de la Grande Tribulation. Après l'Avènement de Jésus-Christ, les esprits impurs contrôleront le monde pendant sept ans, pendant lesquelles la Guerre Mondiale III et d'autres désastres seront infligés au monde. Après la Grande Tribulation, vient le Royaume du Millénium, pendant lequel les esprits impurs seront enfermés dans l'Abîme. A la fin du Millénium, les esprits impurs sont libérés pour un peu de temps, et lorsque le Jugement du Grand Trône Blanc aura eu lieu, ils seront à nouveau enfermés dans l'Abîme, et cette fois pour de bon. Lucifer et ses serviteurs contrôlent le monde des ténèbres, mais après le Jugement, le ciel et la terre seront administrés par la puissance de Dieu exclusivement.

Les esprits impurs ne sont que des instruments pour la culture humaine

Quel genre de punitions vont recevoir dans l'abîme les esprits impurs, qui auront perdu toute puissance et autorité ?

Avant que nous n'allions plus loin, gardez en mémoire que les esprits impurs ne servent et n'existent qu'en tant qu'instruments pour la culture humaine. Pourquoi donc Dieu cultive t-il des êtres humains sur la terre malgré qu'il y ait un nombre incalculable d'hôtes célestes et d'anges dans le ciel ? C'est parce que Dieu veut des véritables enfants avec lesquels il peut partager Son amour.

Laissez-moi vous donner un exemple. Pendant l'histoire de la Corée, les nobles avaient beaucoup de serviteurs dans leurs maisons. Les serviteurs obéissaient à tout ce que leur demandait leur maître. Maintenant, un maître a des fils et des filles prodigues qui ne lui obéissent pas, mais qui font seulement ce qui leur plaît. Cela veut-il dire que le maître aimera ses serviteurs obéissants plus que ses enfants prodigues ? Il ne peut s'empêcher d'aimer ses enfants, malgré qu'ils ne soient pas des plus obéissants.

C'est pareil avec Dieu. Il aime les êtres humains, crées à Son image, et ce peu importe le niveau d'obéissance de Ses hôtes célestes et de Ses anges. Les hôtes célestes et les anges sont plus semblables à des robots qui ne font que ce qui leur est dit. Ils sont donc incapables de partager le véritable amour avec Dieu.

Bien sûr, nous ne voulons pas dire que les anges et les robots sont pareils dans tous les aspects. D'une part, les robots ne font que ce qui leur est commandé, manquent de libre arbitre et ne peuvent rien ressentir. D'autre part, comme les êtres humains, les anges connaissent le sentiment de joie et de tristesse.

Lorsque vous ressentez de la joie ou de la tristesse, les anges n'ont pas le même sentiment que vous, mais savent à peu près ce que vous ressentez. C'est pourquoi, lorsque vous louez Dieu, les anges le loueront avec vous. Lorsque vous dansez pour glorifier Dieu, ils vont aussi danser et même jouer des instruments ensemble avec vous. Ces traits les distinguent des robots. Cependant les anges et les robots sont «semblables» en ce qu'ils manquent tous deux de volonté propre et ne font que ce qui leur est dit, et utilisés uniquement comme des instruments ou des outils.

Comme les anges, les esprits impurs ne sont que des instruments utilisés pour la culture humaine. Ils sont comme des machines qui ne distinguent pas le bien du mal, créés pour un certain objectif et ils sont utilisés pour un mauvais but.

Les esprits impurs enfermés dans l'Abîme

La loi du monde spirituel déclare que «le salaire du péché, c'est la mort» et «un homme moissonne ce qu'il sème». Après le Grand Jugement, les âmes en Hadès souffriront dans l'étang de feu ou de soufre brûlant, selon cette loi. C'est parce qu'elles ont choisi le mal de leur volonté propre et de leurs émotions, alors qu'ils étaient cultivés sur la terre.

Les esprits impurs, sauf les démons, ne sont pas importants pour la culture humaine. C'est pourquoi, même après le Jugement, les esprits impurs sont enfermés dans le sombre et froid Abîme, abandonnés comme un tas d'ordures. C'est la punition qui leur convient le mieux.

Le Trône de Dieu est situé au centre et au sommet du ciel. Inversement, les esprits impurs sont enfermés dans l'Abîme, la plus profonde et la plus noire des places de l'enfer. Ils ne peuvent pas bouger convenablement dans le froid et sombre Abîme. Parce qu'ils sont écrasés par de gros rochers, les esprits impurs seront à jamais bloqués dans une position inamovible.

Ces esprits impurs ont un jour, appartenu au ciel et avaient des fonctions glorieuses. Après leur chute, les anges déchus ont fait usage de l'autorité à leur manière dans le monde des ténèbres. Ils furent cependant vaincus lors d'une guerre qu'ils ont fomentée contre Dieu, et tout fut terminé. Ils perdirent toute la gloire et la valeur qu'ils avaient en tant qu'êtres célestes. Dans l'Abîme, comme un signe de leur malédiction et de leur disgrâce, les ailes de ces anges déchus seront arrachées.

Un esprit est un être éternel et immortel. Cependant un esprit impur dans l'Abîme ne peut même pas bouger un doigt, il n'a aucun sentiment, ni volonté, ni puissance. Ils sont comme des machines que l'on aurait débranchées, ou des poupées qui ont été jetées, et ils semblent être congelés.

Certains messagers de l'enfer restent dans l'Hadès

Il y a une exception à cette règle. Comme mentionné plus haut, les enfants jusqu'à l'âge d'approximativement douze ans demeureront en Hadès même après le Jugement. Afin donc, que les punitions de ces enfants puissent continuer, il est nécessaire d'avoir des messagers de l'enfer pour les administrer.

Ces messagers de l'enfer ne sont pas enfermés dans l'Abîme mais demeurent dans l'Hadès. Ils ressemblent à des robots. Avant le Jugement, ils riaient parfois et se réjouissaient de la vue des âmes torturées, mais ce n'était pas parce qu'eux même avaient certaines émotions.

C'était le contrôle de Lucifer, qui avait des caractéristiques humaines, qui poussait les messagers de l'enfer à avoir des émotions. Après le Jugement cependant, ils ne sont plus contrôlés par Lucifer, mais ils accompliront leur travail sans aucune émotion, travaillant comme des machines.

Où les démons finiront-ils?

Contrairement aux anges déchus, aux dragons et à leurs disciples qui ont été créés avant la création de l'univers, les démons ne sont pas des êtres spirituels. Ils ont un jour été des êtres humains, formés de la poussière, et avaient des corps, des âmes et des esprits comme nous. Parmi tous ceux, cultivés sur cette terre, mais morts sans recevoir le salut, sont ceux qui ont été selon des circonstances particulières, relâchés dans ce monde en tant que démons.

Comment alors, devient-on un démon? Il y a généralement quatre manières pour une personne de devenir un démon.

La première est le cas de personnes qui ont vendu leur esprit et leur âme à Satan.

Les gens qui pratiquent la sorcellerie et recherchent l'aide et la puissance des esprits impurs pour satisfaire leur avidité et leurs désirs, comme par exemple les sorciers, peuvent devenir des démons lorsqu'ils meurent.

La seconde est le cas de personnes qui se sont suicidées dans leur propre méchanceté.

Si des gens ont mis fin eux-mêmes à leur vie à cause de l'échec de leurs affaires ou des cas similaires, ils ont ignoré la souveraineté de Dieu sur la vie et peuvent devenir des démons. Cependant, ce n'est pas la même chose que de sacrifier sa vie pour son pays ou pour aider les désespérés. Si un homme, qui lui-même ne savait pas nager, s'était jeté à l'eau pour sauver quelqu'un d'autre, au détriment de sa propre vie, c'était pour une noble et bonne cause.

La troisième est le cas de personnes qui ont un jour cru en Dieu, mais ont fini en Le reniant et en vendant leur foi.

Certains croyants font des reproches à Dieu et s'opposent à Lui lorsqu'ils font face à de grandes difficultés ou perdent quelqu'un ou quelque chose qui leur est très cher. Charles Darwin, le pionnier de la théorie de l'évolution en est un bon exemple. Darwin crut un temps en Dieu le Créateur. Lorsque sa fille bien aimée mourut prématurément, Darwin en est arrivé à renier et à s'opposer à Dieu et a lancé la théorie de l'évolution. De telles personnes commettent le péché de crucifier Jésus-Christ, notre Sauveur une seconde fois (Hébreux 6 :6).

La quatrième est le cas de personnes qui bloquent, s'opposent et blasphèment contre le Saint Esprit et cela malgré qu'elles croient en Dieu et connaissent la vérité (Matthieu 12 :31-32 ; Luc 12 :10).

De nos jours, beaucoup de gens qui apparemment confessent leur foi en Dieu, bloquent, s'opposent et blasphèment contre le Saint Esprit. Même si ces gens témoignent d'innombrables œuvres de Dieu, ils n'en jugent et condamnent pas moins les autres, s'opposant aux œuvres du Saint Esprit et ils essaient de détruire les églises qui marchent dans Ses œuvres. De plus, s'ils font cela en qualité de dirigeants, leurs péchés deviennent d'autant plus graves.

Lorsque ces pécheurs meurent, ils sont précipités dans l'Hadès et reçoivent le troisième ou quatrième niveau de punitions. Le fait est que certaines de ces âmes deviennent des démons et sont relâchés dans ce monde. Pour plus d'information sur les démons, veuillez vous référer à la série d'enseignements intitulée «Le monde des esprits impurs»

Des démons contrôlés par le diable

Jusqu'au Jugement, Lucifer a un total contrôle et autorité sur le monde des ténèbres et l'Hadès. Lucifer a donc le pouvoir de sélectionner dans l'Hadès, certaines âmes qui sont les plus adéquates pour ses œuvres, et de les envoyer dans ce monde en tant que démons.

Dès que ces âmes sont sélectionnées et envoyées dans ce monde, contrairement à ce qu'elles avaient pendant leur vie, elles n'ont plus leur libre arbitre et leurs sentiments propres. Selon la volonté de Lucifer, elles sont contrôlées par le diable et ne servent uniquement qu'en tant qu'instruments pour accomplir les objectifs du monde des esprits impurs.

Les démons tentent les gens sur la terre pour qu'ils aiment le monde. Certains des péchés les plus atroces et des crimes commis aujourd'hui ne sont pas des coïncidences, mais rendus possibles par le travail des démons selon la volonté de Lucifer. Les démons pénètrent ces gens, selon la loi du monde spirituel et les conduisent en enfer. Parfois les démons rendent les gens paralytiques et leur donnent des maladies. Bien sûr, ceci ne signifie pas que toutes les formes d'infirmité ou toutes les maladies doivent être attribuées aux démons, mais certains cas sont causés par des démons.

Nous rencontrons dans la Bible, un garçon possédé par des démons et qui était muet depuis sa naissance (Marc 9 :17-24), et une femme qui avait été infirme à cause d'un esprit pendant dix huit ans, étant courbée, et ne pouvant pas se relever (Luc 13 :10-13).

Selon la volonté de Lucifer, les démons ont été chargés des plus légères missions dans le monde des ténèbres, mais ils ne seront pas enfermés dans l'Abîme après le Jugement. Comme les démons ont un jour été des êtres humains cultivés, tout comme ceux qui ont reçu les troisième et quatrième niveaux de punitions dans l'Hadès, ils seront jetés dans l'étang de soufre brûlant après le Jugement du Grand Trône Blanc.

Les esprits impurs ont peur de l'Abîme

Certains d'entre vous qui se souviennent des paroles de la Bible, peuvent trouver quelque chose qui ne va pas. Dans Luc 8, il y a une scène dans laquelle Jésus rencontre un homme possédé par les démons. Lorsqu'Il ordonne au démon de sortir de cet homme, le démon a dit *«Qu'y a-t-il entre moi et Toi Jésus, Fils du Dieu Très Haut? Je t'en supplie, ne me tourmente pas!»* (Luc 8 :28), et il plaida avec Jésus afin de ne pas être envoyé vers l'Abîme.

Les démons sont destinés à être précipités dans l'étang de soufre brûlant, pas l'Abîme. Pourquoi donc, a-t-il demandé à Jésus de ne pas être envoyé dans l'Abîme? Comme mentionné plus haut, les démons ont un jour été des êtres humains, et en tant que tels, ils ne sont que des instruments utilisés pour la culture humaine, selon la volonté de Lucifer. Donc, quand le démon a parlé à Jésus par les lèvres de cet homme, il exprimait le cœur des esprits impurs qui le contrôlaient, et pas le sien propre. Les esprits impurs, conduits par Lucifer, savent qu'une fois que la providence de Dieu de la culture humaine sera achevée, ils perdront leur autorité et leur puissance et seront éternellement enfermés dans l'Abîme. La peur de leur futur est clairement manifestée au travers de la plaidoirie du démon.

De plus, le démon a été utilisé comme un instrument, afin que la peur des esprits impurs aussi bien que leur fin soient mentionnées dans la Bible.

Pourquoi les démons détestent-ils l'eau et le feu?

Au début de mon ministère, le Saint Esprit a travaillé tellement puissamment dans mon église, que les aveugles ont pu voir, les muets parler les personnes atteintes de polio marcher, et les esprits impurs étaient chassés. Cette nouvelle s'est propagée dans tout le pays et beaucoup de malades sont venus. En ce temps là, je priais personnellement pour les possédés de démons, et les démons, en tant qu'êtres spirituels savaient qu'ils allaient être chassés. Parfois, certains démons me suppliaient «s'il te plaît, ne nous chasse pas dans l'eau et le feu».

Je ne pouvais bien sûr, accéder à leur demande. Pourquoi alors, les démons haïssent-ils l'eau et le feu? La Bible parle également de leur ressentiment contre l'eau et le feu. Lorsque je priai à nouveau à Dieu pour une révélation de ceci, Dieu me dit que spirituellement, l'eau symbolise la vie, et plus spécifiquement, la parole de Dieu qui est elle-même lumière. De plus, le feu représente le feu du Saint Esprit. Etant donné que les démons représentent eux-mêmes les ténèbres, ils vont perdre leur autorité et leur puissance lorsqu'ils sont précipités dans l'eau ou le feu. Dans Marc 5, dans une scène où Jésus commande au démon «légion» de sortir d'un homme, ils l'ont supplié de les envoyer dans les pourceaux (Marc 5 :12). Jésus leur en donna la permission, et les esprits impurs sortirent de cet homme et entrèrent dans les pourceaux. La horde de pourceaux «environ deux mille, se précipitèrent des pentes escarpées dans la mer et ils se noyèrent». Jésus a fait cela pour éviter que ces démons puissent continuer à travailler pour Lucifer, en les précipitant dans l'étang. Cela ne veut pas dire que les démons se sont noyés, ils ont seulement perdu leur puissance. C'est pourquoi, Jésus nous dit que *«Lorsque l'esprit est sorti d'un homme, il va par des lieux arides, cherchant du repos.»* (Matthieu 12 :43)

Les enfants de Dieu devraient clairement connaître le monde spirituel, afin de montrer la puissance de Dieu. Les démons tremblent de peur, lorsque vous les chasser avec la parfaite connaissance du monde spirituel. Ils ne vont cependant pas trembler, ni même sortir, si vous vous contentez de murmurer «toi démon, sort et va dans l'eau! Va dans le feu!», Sans avoir la compréhension spirituelle.

Lucifer se bat pour établir son royaume

Dieu est le Dieu de l'amour abondant, mais il est aussi le Dieu de la justice. Peu importe combien miséricordieux et conciliant des rois de ce monde peuvent être, ils ne peuvent pardonner et faire miséricorde inconditionnellement à chaque fois. Lorsqu'il y a des voleurs et des assassins dans le pays, le roi doit les attraper et les punir selon les lois du pays, afin de maintenir la paix et la sécurité de son peuple. Même si son propre fils bien aimé commet un crime sérieux tel que la trahison, le roi n'a d'autre alternative que de le punir selon la loi.

De la même manière, l'amour de Dieu est le genre d'amour

qui est en ligne avec l'ordre strict du monde spirituel. Dieu a beaucoup aimé Lucifer avant sa trahison et même après sa trahison, Dieu a donné à Lucifer la complète autorité sur les ténèbres, mais la seule récompense que Lucifer va recevoir est l'enfermement dans l'Abîme. Etant donné que Lucifer connaît déjà ce fait, elle lutte pour établir son royaume et le faire tenir ferme. Pour cette raison, Lucifer a tué tant de prophètes de Dieu il y a deux mille ans et auparavant. Il y a deux mille ans, lorsque Lucifer entendit à propos de la naissance de Jésus, afin d'empêcher l'établissement du royaume de Dieu et de maintenir perpétuellement son royaume des ténèbres, il essaya de tuer Jésus par l'entremise du Roi Hérode. Après avoir été instigué par Satan, Hérode donna l'ordre de tuer tous les garçons de deux ans et moins dans le pays (Matthieu 2 : 13-18).

A côté de ceci, pendant les deux derniers millénaires, Lucifer a toujours essayé de détruire et de tuer quiconque démontrait la merveilleuse puissance de Dieu. Cependant, Lucifer ne peut jamais gagner contre Dieu, ni surpasser Sa sagesse et sa fin ne peut se trouver que dans l'Abîme.

Le Dieu d'amour attend et donne des occasions de repentance

Tous les peuples de la terre sont appelés à être jugés selon leurs œuvres. Pour les injustes attendent les malédictions et les punitions et pour les justes, attendent les bénédictions et la gloire. Cependant, Dieu qui est Lui-même amour ne jette pas immédiatement les gens qui n'ont fait que pécher dans l'enfer. Il attend patiemment que les gens se repentent, comme si « un jour est comme mille ans, et mille ans comme un jour » (2 Pierre 3 :8-9). Ceci est l'amour de Dieu qui veut que tous les hommes reçoivent le salut.

Au travers de ce message sur l'enfer, vous devez vous rappeler que Dieu a aussi été patient et a attendu pour tous ces gens qui sont punis en Hadès. Ce Dieu d'amour se lamente pour les âmes, créées à Son image et Sa ressemblance et qui souffriront pour les temps à venir.

Malgré l'amour et la patience de Dieu, si les gens n'acceptent pas l'évangile jusqu'à la fin ou font semblant de croire, mais continuent à pécher, ils vont perdre toutes leurs possibilités de salut et tomber en enfer.

C'est pourquoi nous, les croyants devons toujours prêcher l'évangile que nous en ayons l'opportunité ou non. Supposons qu'il y ait eu un grand incendie dans votre maison pendant que vous étiez sorti. Quand vous êtes revenus, la maison était plongée dans les flammes et vos enfants étaient endormis à l'intérieur. Ne feriez-vous pas tout ce qu'il y a en votre pouvoir pour sauver vos enfants ? Le cœur de Dieu est d'autant plus brisé quand il voit des gens créés à Son image et à Sa ressemblance qui commettent des péchés et tombent dans les flammes éternelles de l'enfer. De même, pouvez-vous imaginer combien Dieu doit être enchanté de voir des gens conduire d'autres gens vers le salut ?

Vous devriez comprendre le cœur de Dieu qui aime tous les gens et se lamente pour ceux qui sont sur le chemin de l'enfer, ainsi que le cœur de Jésus-Christ qui ne veut perdre personne. Maintenant que vous avez lu à propos de la cruauté et de la

ENFER

misère de l'enfer, vous devez être capables de comprendre pourquoi Dieu est tellement satisfait du salut des gens. J'espère que vous allez saisir et sentir le cœur de Dieu afin que vous puissiez répandre la bonne nouvelle et conduire les gens vers le ciel.

1 Corinthiens 2 :13-14 nous dit :

> *Et nous en parlons ,non avec des discours qu'enseigne la sagesse humaine ,mais avec ceux qu'enseigne l'Esprit,employant un langage spirituel pour les choses spirituelles .Mais l'homme animal ne reçoit pas les choses de l'Esprit de Dieu,car elles sont une folie pour lui,et il ne peut les connaître,parce que c'est spirituellement qu'on en juge.*

Sans les œuvres et l'aide du Saint Esprit,qui nous sont révélées par Dieu ,comment quelqu'un dans le monde charnel peut parler de choses spirituelles et les comprendre?

Je prie au nom du Seigneur que vous puissiez avoir très envie du monde spirituel de plus en plus et le comprendre profondément,pour que vous puissiez révéler la vie après la mort et le jugement à venir à toutes les personnes au travers du monde entier ,et les guider à la voie du Salut.

Chapitre 9

Pourquoi le Dieu d'amour a-t-il dû créer l'enfer?

La patience et l'amour de Dieu
Pourquoi le Dieu d'amour a-t-il dû créer l'enfer?
Dieu veut que tous les hommes reçoivent le salut
Prêchez l'évangile avec assurance

*qui veut que tous les hommes soient
sauvés et parviennent à la connaissance
de la vérité.*
- 1 Timothée 2:4 -

*Il a son van à la main; il nettoiera son
aire, et il amassera son blé dans le grenier,
mais il brûlera la paille dans un feu qui ne
s'éteint point.*
- Matthieu 3:12 -

Il y a à peu près deux mille ans, Jésus traversait les villes et les villages d'Israël, prêchait la bonne nouvelle et guérissait chaque maladie. Quand Il rencontrait des gens, Jésus *« avait de la compassion pour eux, parce qu'ils étaient fatigués et chargés, comme des brebis sans berger »* (Matthieu 9 :36). Il y avait un nombre incalculable de personnes qui devaient être sauvées, mais il n'y avait personne pour s'occuper d'elles. Même si Jésus parcourait avec zèle tous les villages et visitait les gens, Il ne pouvait s'occuper de toutes une par une.

Jésus a dit à Ses disciples *« La moisson est grande, mais il y a peu d'ouvriers. Priez donc le maître de la moisson d'envoyer des ouvriers dans sa moisson. »* (Matthieu 9 :37-38). Les ouvriers étaient tellement nécessaires pour enseigner la vérité à un nombre incalculable de personnes avec un amour brûlant et pour chasser les ténèbres d'eux, à la place de Jésus.

De nos jours, tant de gens sont esclaves du péché, souffrent de maladies, de pauvreté, et de chagrin, et ils se dirigent vers l'enfer – parce qu'ils ne connaissent pas la vérité. Nous devons comprendre le cœur de Jésus qui cherche des ouvriers à envoyer sur le champ de moisson, afin que non seulement vous receviez le salut, mais que vous Lui confessiez « Me voici ! Envoie-moi, Seigneur. »

La patience et l'amour de Dieu

Il y avait un fils qui était aimé et adoré par ses parents. Un jour, ce fils a demandé à ses parents de lui donner sa part de l'héritage. Ils ont accédé à la demande du fils, quoiqu'ils ne puissent pas vraiment comprendre leur fils, à qui ils allaient de toute façon tout donner. Ensuite, le fils est parti à l'étranger avec sa part d'héritage. Malgré qu'il ait eu au commencement des espérances et des ambitions, il s'est laissé aller de plus en plus aux plaisirs et passions de ce monde et il perdit en fin de compte toute sa prospérité. De plus, le pays dut faire face à une grave dépression et il devint encore plus pauvre. Un jour, quelqu'un donna des nouvelles du fils à ses parents, leur disant que leur fils était devenu comme un mendiant à cause de sa vie dissipée, et qu'il était déconsidéré par les gens.

Qu'ont dû ressentir ses parents? Ils auraient pu être fâchés au début, mais rapidement ils ont dû se faire du souci à son sujet, en pensant « nous te pardonnons fils, reviens seulement rapidement à la maison! »

Dieu accepte les enfants qui reviennent dans la repentance

Le cœur de ces parents est mentionné dans Luc 15. Le père dont le fils est parti pour un pays lointain, attendait son fils chaque jour à la porte. Le père attendait tellement désespérément son fils, que lorsque son fils est revenu, le père a pu immédiatement le reconnaître à distance, a couru vers son fils et l'a enlacé de ses bras avec joie. Le père a revêtu le fils repentant de la plus belle robe et de sandales, a tué le veau gras et a tenu une fête en l'honneur de son fils.

Cela est le cœur de Dieu. Non seulement Il pardonne tous ceux qui se repentent honnêtement, sans regarder au nombre ni à la gravité de leurs péchés, mais il les conforte aussi et leur donne la puissance pour faire mieux. Lorsqu'une personne est sauvée par la foi, Dieu se réjouit et célèbre l'occasion avec les armées célestes et les anges. Notre Dieu miséricordieux est l'amour même. Avec le cœur d'un père attendant son fils, Dieu veut réellement que tout les gens se détournent du péché et reçoivent le salut.

Dieu d'amour et de pardon

Au travers d'Osée 3, vous pouvez avoir un aperçu de l'abondante miséricorde et compassion de notre Dieu, qui est toujours prêt à pardonner et à aimer, même les pécheurs.

Un jour, Dieu a ordonné à Osée de prendre une femme adultère pour femme. Osée obéit et épousa Gomer. Quelques années plus tard cependant, Gomer ne pût retenir son cœur et elle aima un autre homme. De plus, elle fut payée comme une prostituée et partit aimer un autre homme. Dieu dit alors à Osée *«Va encore, et aime une femme, aimée d'un amant et adultère»* (Osée 3:1). Dieu a ordonné à Osé d'aimer sa femme qui l'avait trahi et laissé à la maison pour aimer un autre homme. Osée ramena Gomer, après avoir payé *«quinze sicles d'argent, un homer d'orge et un léthec d'orge»* (Osée 3:2). Combien de gens peuvent-ils faire cela? Après qu'Osée ait ramené Gomer, il lui dit *«Reste longtemps pour moi, ne te livre pas à la prostitution, ne sois à aucun homme et je serai de même envers toi»* (Osée 3:3).

Il ne l'a pas condamnée ou haïe, mais lui a pardonné avec amour et a plaidé avec elle pour qu'elle ne le quitte plus.

Ce qu'Osée a fait semble fou aux yeux des gens de ce monde. Cependant son cœur symbolise le cœur de Dieu. De la manière dont Osée a épousé une femme adultère, Dieu nous a d'abord aimé, nous qui l'avions abandonné, et Il nous a même délivré.

Après la désobéissance d'Adam, tous les êtres humains étaient marqués par le péché. Tout comme Gomer, ils n'étaient pas dignes de l'amour de Dieu. Cependant, Dieu les a malgré tout aimés et leur a donné Son Fils unique Jésus, pour qu'Il soit crucifié. Ce Jésus fut flagellé, porta une couronne d'épines et fut cloué sur une croix par les mains et les pieds, afin qu'Il puisse nous sauver. Même alors qu'Il était pendu à la croix mourant, Il a prié « Père, pardonne-leur ». Même tandis que nous parlons, Jésus est en train d'intercéder pour tous les pécheurs devant le Trône de notre Père Dieu, dans le ciel.

Et pourtant tant de gens ignorent l'amour et la grâce de Dieu. Au contraire, ils aiment le monde et continuent à pécher en poursuivant leurs désirs charnels. Certains vivent dans les ténèbres parce qu'ils ne connaissent pas la vérité. D'autres connaissent la vérité, mais tandis que le temps passe, leur cœur change et ils recommencent à commettre des péchés. Un fois qu'ils sont sauvés, les gens doivent se sanctifier eux-mêmes quotidiennement. Cependant, leurs cœurs deviennent corrompus et contaminés, contrairement au temps où ils ont reçu le Saint Esprit. C'est pourquoi ces gens commettent même le genre de mal qu'ils avaient auparavant chassé.

Dieu veut toujours pardonner et aimer même les gens qui ont péché et aimé le monde. Tout comme Osée a ramené sa femme adultère qui a aimé un autre homme, Dieu attend le retour et la repentance de Ses enfants qui ont péché.

C'est pour cela que nous devons comprendre le cœur de Dieu qui nous a révélé le message sur l'enfer. Dieu ne veut pas nous effrayer ; Il veut seulement que nous apprenions à propos de la misère de l'enfer, nous repentions entièrement et recevions le salut. Le message sur l'enfer est un moyen pour Lui de nous exprimer son amour brûlant pour nous. Nous devons aussi comprendre pourquoi Dieu a dû créer l'enfer, afin que nous puissions comprendre Son cœur plus en profondeur et partager la bonne nouvelle à plus de gens, afin de les sauver des punitions éternelles.

Pourquoi le Dieu d'amour a-t-il dû créer l'enfer?

Genèse 2 :7 dit *«L'Eternel Dieu forma l'homme de la poussière de la terre, Il souffla dans ses narines un souffle de vie et l'homme devint un être vivant»*.

En 1983 l'année suivant l'ouverture des portes de mon église, Dieu m'a montré une vision dans laquelle était décrite la création d'Adam. Dieu était en train de façonner Adam joyeusement et avec plaisir, dans l'argile avec attention et amour, comme si un enfant jouait avec son jouet le plus précieux ou sa poupée.

Après avoir délicatement façonné Adam, Dieu souffla dans ses narines le souffle de vie. Parce que nous avons reçu le souffle de vie de Dieu, qui est Esprit, notre esprit et notre âme sont immortels. La chair provenant de la poussière périra et retournera en une poignée de poussière, mais notre âme et notre esprit vivront éternellement.

Pour cette raison, Dieu a dû préparer des places où ces esprits immortels pourraient demeurer, et ce sont le ciel et l'enfer. Comme relaté dans 2 Pierre 2 :9-10, les gens qui vivent avec la crainte de Dieu seront sauvés, et iront au ciel mais les injustes seront punis en enfer.

> *...Le Seigneur sait délivrer de l'épreuve les hommes pieux, et réserver les injustes pour être punis au jour du jugement, ceux surtout qui vont après la chair dans un désir d'impureté et qui méprisent l'autorité. ...*

D'une part, les enfants de Dieu vont vivre sous le règne éternel au ciel. Ainsi, le ciel est toujours rempli de bonheur et de joie. D'autre part, l'enfer est un lieu pour tous qui n'ont pas accepté l'amour de Dieu mais plutôt l'ont trahi et sont devenus esclaves de péchés. En enfer, ils vont recevoir des punitions cruelles. Pourquoi, alors, le Dieu d'amour a-t-il dû créer l'enfer ?

Dieu sépare le grain de la paille

Tout comme un fermier sème de la semence et la cultive, Dieu cultive les êtres humains dans ce monde, pour gagner de véritables enfants. Lorsque le temps de la moisson arrive, Il sépare le grain de la paille, envoyant le grain dans le ciel et la paille en enfer.

> *Il a son van à la main : Il nettoiera Son aire, et Il amassera Son blé dans le grenier, mais Il brûlera la paille dans un feu qui ne s'éteint point. (Matthieu 3 :12).*

Le «grain», symbolise ici tous ceux qui ont accepté Jésus-Christ, essayé de retrouver l'image de Dieu et vivent selon Sa Parole. La «paille», se réfère à ceux qui n'ont pas accepté Jésus-Christ comme leur Sauveur, mais aiment le monde et suivent le mal.

Tout comme le fermier rassemble le grain dans un grenier et brûle la paille et l'utilise comme fertiliseur pendant la moisson, Dieu aussi conduit le grain au ciel et jette la paille en enfer.

Dieu veut faire en sorte que nous connaissions l'existence de l'Hadès et de l'enfer. La lave sous la surface de la terre et le feu, servent de rappel des punitions éternelles de l'enfer. S'il n'y avait pas de feu ou de soufre dans ce monde, comment pourrions-nous avoir jamais imaginé les scènes horribles de l'Hadès et de l'enfer ? Dieu a créé ces choses parce qu'elles sont nécessaires pour la culture des êtres humains.

ENFER

La raison pour laquelle «la paille» est jetée en enfer

Certains pourraient se poser la question «Pourquoi le Dieu d'amour a-t-il créé l'enfer? Pourquoi ne peut-Il pas laisser la paille entrer aussi dans le ciel?»

La beauté du ciel est au-delà de toute imagination ou description. Dieu, le maître du ciel est saint, sans aucun blâme ni faille et donc, seuls ceux qui accomplissent Sa volonté sont autorisés à entrer dans le ciel. (Matthieu 7:21). Si des gens mauvais étaient dans le ciel parmi des gens pleins d'amour et de bonté, la vie dans le ciel deviendrait très difficile et embarrassante et le merveilleux ciel serait contaminé. C'est pourquoi Dieu a dû créer l'enfer pour séparer le grain au ciel de la paille en enfer.

Sans l'enfer, le bon et le méchant seraient forcés de vivre ensemble. Si cela avait été le cas, le ciel serait devenu un lieu de ténèbres, rempli de lamentations et de cris d'agonie. Cependant, le but de la culture humaine de Dieu n'est pas de créer un tel endroit. Le ciel est un endroit sans larmes, regret, tourment ou maladie, où Il peut partager son amour abondant avec Ses enfants pour l'éternité. L'enfer est donc nécessaire pour enfermer perpétuellement les méchants et les gens sans valeur – la paille.

Romains 6:16 dit *«Ne savez-vous pas qu'en vous livrant à quelqu'un comme esclaves, pour lui obéir, vous êtes esclaves de celui à qui vous obéissez, soit du péché qui conduit à la mort, soit de l'obéissance qui conduit à la justice?»*

Même s'ils ne le savaient pas, tous ceux qui ne vivent pas selon la Parole de Dieu sont esclaves du péché et esclaves de notre ennemi Satan et le diable. Sur cette terre, ils sont contrôlés par l'ennemi Satan et le diable ; après la mort, ils seront précipités dans les mains de ces esprits impurs en enfer et recevront toutes sortes de punitions.

Dieu récompense chacun selon ce qu'il a fait

Notre Dieu n'est pas uniquement le Dieu d'amour, de miséricorde et de bonté mais aussi un Dieu juste et bon qui récompense chacun d'entre nous selon nos œuvres. Galates 6 :7-8 dit :

> *Ne vous y trompez pas : on ne se moque pas de Dieu. Ce qu'un homme aura semé, il le moissonnera aussi. Celui qui sème pour sa chair, moissonnera de la chair la corruption, mais celui qui sème pour l'Esprit, moissonnera de l'Esprit la vie éternelle.*

D'une part, lorsque vous semez des prières et des louanges, vous recevrez de la puissance pour vivre selon la Parole de Dieu, avec la puissance du ciel, et votre esprit et votre âme seront restaurés. Lorsque vous semez avec des services fidèles, toutes vos parties - corps, âme et esprit – seront fortifiées. Lorsque vous semez de l'argent au moyen des dîmes et des offrandes d'action de grâce, vous serez financièrement bénis plus abondamment afin que vous puissiez semer encore plus pour le royaume de Dieu et Sa justice. D'autre part, lorsque vous semez le mal, vous serez payés en retour du montant et de l'ampleur exacts de votre mal. Même si vous êtes un croyant, lorsque vous semez des péchés et l'injustice, vous allez rencontrer des épreuves. Pour cela, j'espère que vous serez illuminés et que vous appreniez ce fait avec l'aide du Saint Esprit, afin que vous puissiez recevoir la vie éternelle.

Dans Jean 5 :29, Jésus nous a dit que *«Ceux qui auront fait le bien ressusciteront pour la vie, mais ceux qui auront fait le mal, ressusciteront pour le jugement.»* Dans Matthieu 16 :27, Jésus nous promet *«Car le Fils de l'homme doit venir dans la gloire de Son Père, avec Ses anges, et alors, Il rendra à chacun selon ses œuvres.»*

Avec une parfaite exactitude, au travers du Jugement, Dieu récompense par des prix appropriés, et il donne les punitions adéquates à chacun, selon ce qu'il/ elle aura fait. Qu'une personne aille au ciel ou en enfer, ne dépend pas de Dieu mais de chaque individu qui possède une volonté libre et chacun va moissonner ce qu'il/ elle aura semé.

Dieu veut que tous les hommes reçoivent le salut

Dieu considère une personne créée à Son image et à Sa ressemblance comme étant plus importante que l'univers entier. Dieu veut donc que tous les hommes croient en Jésus-Christ et reçoivent leur salut.

Dieu se réjouit même plus lorsqu'un seul pécheur se repent

Avec le cœur d'un berger qui cherche sur les chemins accidentés une seule brebis perdue, et ce malgré qu'il ait quatre-vingt-dix-neuf(99) neuf autres brebis en sécurité (Luc 15 :4-7), Dieu se réjouit d'autant plus d'un pécheur qui se repent que de quatre-vingt-dix-neuf(99) justes qui n'ont pas besoin de repentance.

David a écrit que *«autant l'orient est éloigné de l'occident, autant Il éloigne de nous nos transgressions. Comme un père a compassion de ses enfants, l'Eternel a compassion de ceux qui Le craignent.»* (Psaume 103 :12-13). Dieu a aussi promis dans Esaïe 1 :18 que *«Si vos péchés sont comme le cramoisi, ils deviendront blancs comme la neige ; s'ils sont rouges comme la pourpre, ils deviendront comme la laine.»*

Dieu est la lumière même et en Lui, il n'y a point de ténèbres. Il est aussi la bonté même, qui déteste le péché, mais lorsqu'un pécheur vient à Lui et se repent, Dieu ne se souvient plus de ses péchés. Au contraire, Dieu enlace et bénit le pécheur dans son pardon illimité et son chaud amour.

Si vous comprenez le curieux amour de Dieu, même un peu, vous devez traiter chaque individu avec un amour sincère. Vous devriez avoir de la compassion pour tous ceux qui marchent vers le feu de l'enfer, prier sérieusement pour eux, leur partager la bonne nouvelle et visiter ceux qui ont une foi faible afin qu'ils puissent tenir ferme.

ENFER

Si vous ne vous repentez pas

1 Timothée 2 :4 nous dit que Dieu *«veut que tous les hommes soient sauvés et parviennent à la connaissance de la vérité»*. Dieu cherche désespérément que tous les hommes le connaissent, reçoivent leur salut et viennent là où Il est. Dieu est anxieux pour le salut de même une seule personne, attendant que les gens dans les ténèbres et le péché se tournent vers Lui.

Cependant, malgré que Dieu ait donné aux gens un nombre incalculable d'opportunités de se repentir, jusqu'au point de sacrifier Son Fils unique sur une croix, s'ils ne se repentent et meurent, une seule alternative reste pour eux. Selon la loi du monde spirituel, ils vont moissonner ce qu'ils ont semé et seront payés en retour pour ce qu'ils ont fait, et ils seront jetés finalement dans l'enfer.

J'espère que vous comprendrez cet amour étrange et la justice de Dieu afin que vous puissiez recevoir Jésus-Christ et soyez pardonnés. De plus, comportez-vous et vivez selon la volonté de Dieu, afin que vous puissiez briller comme le soleil au ciel.

Prêchez l'évangile avec assurance

Ceux qui savent et croient vraiment dans l'existence du ciel et de l'enfer ne peuvent s'empêcher d'évangéliser, parce qu'ils connaissent le cœur de Dieu qui veut que tous les hommes reçoivent le salut.

Dieu Lui-même a révélé ce témoignage de l'enfer, et chaque

partie en est vraie. Les punitions dans l'enfer sont tellement horribles qu'au lieu d'exposer chaque détail, je n'ai relaté que quelques cas de tourment. Gardez également en mémoire, que parmi tous les gens qui sont tombés en Hadès sont ceux qui un jour ont été fidèles et loyaux à Dieu.

Sans des gens pour prêcher la bonne nouvelle

Romains 10 :14-15 nous dit que Dieu loue ceux qui partagent la bonne nouvelle :

> *Comment donc invoqueront-ils celui en qui ils n'ont pas cru? Et comment croiront-ils en celui de qui ils n'ont pas entendu parler? Et comment en entendront-ils parler, s'il n'y a personne qui prêche? Et comment y aura-t-il des prédicateurs, s'ils ne sont pas envoyés? selon qu'il est écrit : Qu'ils sont beaux les pieds de ceux qui annoncent la paix, de ceux qui annoncent de bonnes nouvelles!*

Dans 2 Rois 5, il y a l'histoire d'un homme nomme Naaman, un officier de l'armée du roi d'Aram. Naaman était considéré comme un homme grand et noble par son roi parce qu'il avait sauvé son pays à de nombreuses reprises. Il gagna de la renommée et de la prospérité, et ne manquait de rien. Cependant, Naaman avait la lèpre. De ce temps là, la lèpre était une maladie incurable et considérée comme étant une malédiction du ciel. La valeur et les richesses de Naaman ne lui servaient donc à rien. Même son propre roi ne pouvait pas l'aider.

Pouvez-vous imaginer le cœur de Naaman qui pouvait voir son corps qui avait été en bonne santé, en train de pourrir et se dégrader de jour en jour ? De plus, les membres de sa propre famille gardaient leurs distances de Naaman, dans la crainte qu'eux-mêmes puissent être contaminés par la maladie. Combien Naaman a-t-il dû se sentir sans forces et sans secours ?

Cependant, Dieu avait un bon plan pour Naaman, un officier païen. Il y avait une servante qui avait été capturée en Israël, et qui servait maintenant la femme de Naaman.

Naaman est guéri après avoir écouté sa servante

La servante, malgré qu'elle fût une petite fille, connaissait la voie pour résoudre le problème de Naaman. La fille croyait qu'Elisée, un prophète de Samarie, pouvait guérir la maladie de son maître. Elle délivra avec assurance à son maître la nouvelle de la puissance de Dieu, manifestée au travers d'Elisée. Elle ne garda pas sa bouche fermée, spécialement à propos de quelque chose en laquelle elle avait une grande foi. Après avoir entendu cette nouvelle, Naaman prépara des offrandes avec sa plus grande sincérité et il partit voir le prophète.

Que croyez vous qu'il soit arrivé à Naaman ? Il fut complètement guéri par la puissance de Dieu qui était avec Elisée. Il confessa même « maintenant je sais qu'il n'y a point de Dieu dans toute la terre, si ce n'est le Dieu d'Israël ». Naaman ne fut pas seulement guéri de sa maladie, mais le problème de son esprit était lui aussi résolu.

Jésus commente cette histoire dans Luc 4 :27 : «*Il y avait aussi plusieurs lépreux en Israël du temps d'Elisée le prophète ; et cependant, aucun d'eux ne fut purifié, si ce n'est Naaman le Syrien*». Comment se fait-il que seul Naaman, le païen put être guéri, malgré qu'il y ait eu beaucoup d'autres lépreux en Israël? C'est parce que le cœur de Naaman était naturellement bon et suffisamment humble pour écouter les conseils des autres personnes. Malgré que Naaman était un païen, Dieu a préparé pour lui la voie du salut parce qu'il était un homme bon, et toujours un fidèle général pour son roi, et un serviteur qui aimait son peuple tellement qu'il était prêt et voulait volontairement donner sa vie pour lui.

Cependant, si la servante n'avait pas délivré le message de la puissance d'Elisée à Naaman, il serait mort sans avoir été guéri, et encore moins avoir reçu son salut. La vie d'un noble et valeureux guerrier dépendait des lèvres d'une petite fille.

Prêchez l'évangile avec assurance

Tout comme pour l'histoire de Naaman, il y a de nombreuses personnes autour de vous qui attendent que vous ouvriez votre bouche. Même dans cette vie, elles souffrent de nombreux problèmes de la vie et marchent vers l'enfer chaque jour. Combien se serait pitoyable s'ils devaient être éternellement tourmentés après une telle vie de problèmes sur la terre? C'est pourquoi, les enfants de Dieu doivent apporter l'évangile à ces personnes avec assurance.

Dieu sera immensément réjoui, lorsque, au travers de la

puissance du Seigneur, les gens qui devaient mourir reçoivent la vie et les gens qui devaient souffrir soient libérés. Il va aussi les rendre prospères et en bonne santé, en leur disant «tu es mon enfant qui rafraîchit mon esprit». De plus, Dieu les aidera à gagner une foi suffisante pour entrer dans la glorieuse cité de la Nouvelle Jérusalem, où se situe le Trône de Dieu. De plus, les gens qui auront entendu la bonne nouvelle et accepté Jésus-Christ au travers de vous, ne seront-ils pas reconnaissants pour ce que vous avez fait pour eux?

Si les gens pendant cette vie ne possèdent pas une foi suffisante pour être sauvés, ils n'auront jamais une «seconde chance» une fois qu'ils partent pour l'enfer. Au milieu d'éternelles souffrances et de l'agonie, ils ne peuvent que regretter et se lamenter éternellement.

Pour que vous-mêmes ayez entendu et accepté le Seigneur, il y a eu d'innombrables sacrifices et la consécration d'un nombre incalculable d'ancêtres de la foi, qui ont été tués par l'épée, tombés en tant que proie d'animaux féroces, ou ont enduré le martyre pour avoir proclamé la bonne nouvelle.

Que ferez-vous donc, maintenant que vous savez que vous avez été sauvés de l'enfer? Vous devez faire de votre mieux pour délivrer de nombreuses âmes de l'enfer vers les bras du Seigneur. Dans 1 Corinthiens 9:16, l'apôtre Paul confesse sa mission avec un cœur enflammé *«Si j'annonce l'Évangile, ce n'est pas pour moi un sujet de gloire, car la nécessité m'en est imposée, et malheur à moi si je n'annonce pas l'Évangile!»*

J'espère que vous irez dans le monde avec le cœur enflammé du Seigneur, et que vous sauverez beaucoup d'âmes de l'éternelle punition de l'enfer.

Vous avez donc appris au travers de ce livre à propos de l'éternel, horrible et abominable endroit, appelé enfer. Je prie que vous ressentiez l'amour de Dieu, qui ne souhaite même pas perdre une seule personne, que vous teniez ferme dans votre propre vie chrétienne et que vous annonciez l'évangile à quiconque a besoin de l'entendre.

Aux yeux de Dieu, vous êtes plus précieux que le monde entier et vous avez plus de valeur que toute chose dans l'univers entier, parce que vous avez été créés à Sa propre image. C'est pourquoi vous ne devez pas devenir un esclave du péché qui s'oppose à Dieu et termine en enfer, mais devenir un véritable enfant de Dieu qui marche dans la lumière, agit et vit selon la vérité.

Avec le même degré de satisfaction de Dieu lorsqu'Il a créé Adam, Il veille sur vous, même aujourd'hui. Il veut que vous puissiez atteindre un cœur vrai, mûr dans la foi et que vous puissiez atteindre la plénitude de la parfaite stature de Christ.

Au nom du Seigneur, je prie que vous acceptiez promptement Jésus-Christ et receviez les bénédictions et l'autorité en tant que précieux enfant de Dieu, afin que vous puissiez jouer le rôle de sel et lumière dans le monde, et conduire un nombre incalculable de gens vers le salut!

L'Auteur
Dr. Jaerock Lee

Le Dr. Jaerock Lee est né à Muan, dans la Province de Jeonam, en République de Corée en 1943. Dans sa vingtaine, le Dr. Lee a souffert d'une variété de maladies incurables pendant sept ans et il a attendu la mort avec aucun espoir de récupérer. Un jour du printemps 1974 il a été conduit dans une église par sa sœur et lorsqu'il s'est agenouillé pour prier, le Dieu vivant l'a immédiatement guéri de toutes ses maladies.

Dès que le Dr. Lee a rencontré le Dieu vivant au travers de cette merveilleuse expérience, il a aimé Dieu de tout son cœur et sincérité, et en 1978, il a été appelé à devenir un serviteur de Dieu. Il a prié avec ferveur de manière à clairement connaître la volonté de Dieu, l'a complètement accomplie et a obéi à toute la parole de Dieu. En 1982, il a fondé l'Eglise Centrale Manmin à Séoul en Corée et d'innombrables œuvres de Dieu, incluant des guérisons miraculeuses et des prodiges ont eu lieu dans son église.

En 1986, le Dr. Lee a été ordonné en tant que pasteur lors de l'Assemblée annuelle de l'Eglise Sungkyul Jésus de Corée, et quatre ans plus tard, en 1990, ses sermons ont commencé à être retransmis en Australie, en Russie, aux Philippines et dans beaucoup d'autres nations au travers de la Société de Retransmission d'Asie, la Station asiatique de retransmission et le Système Chrétien Radio de Washington.

Trois ans plus tard, en 1993, l'Eglise Centrale Manmin a été sélectionnée comme l'une des «50 Plus grandes églises du monde» par le magazine 'Monde Chrétien' (USA) et il a reçu un doctorat honoraire en Divinité du Collège de Foi Chrétien, en Floride, USA. Et en 1996, un Ph.D du ministère du Séminaire Théologique Kingsway, Iowa, USA.

Depuis 1993, le Dr Lee a pris la direction de la mission mondiale au travers de nombreuses croisades outremer, aux USA, en Tanzanie, en Argentine, en

Ouganda, au Japon, au Pakistan, aux Philippines, au Honduras, au Kenya, en Inde, en Russie, en Allemagne , au Pérou, en Israël et en Estonie. En 2002, il fut appelé «Pasteur Mondial» par les principaux journaux chrétiens en Corée pour son travail dans les diverses Grandes Croisades Unifiées outremer.

Depuis Mai 2012, l'Eglise Centrale Manmin possède une congrégation de plus de 120.000 membres. Il y a 10.000 églises filiales au pays et dans le monde, et à ce jour, plus de 129 missionnaires ont été commissionnés vers 23 pays, y compris les USA, la Russie, l'Allemagne, le Canada, le Japon, la Chine, la France, l'Inde et de nombreux autres.

Jusqu'au jour de cette publication, le Dr Lee a écrit 64 livres y compris les bestsellers, *Goûter à la Vie Eternelle avant la Mort, Ma Vie, Ma Foi I et II, Le Message de la Croix, La Mesure de la Foi, Le Ciel I et II, Enfer, Réveille-toi Israël*, et *La Puissance de Dieu*. Ses œuvres ont été traduites dans plus de 73 langues.

Ses chroniques chrétiennes paraissent dans *Le Hankook Ilbo, le JoongAng Daily, le Dong-A Ilbo, le Chosun Ilbo, le Munhwa Ilbo, le Seoul Shinmun, le Kyunghyang Shinmun, le Hankyoreh Shinmun, le Korea Economic Daily, le Korea Herald, le Shisa News*, et *le Chistian Press*.

Le Dr. Lee est présentement dirigeant de nombreuses organisations missionnaires et associations, y compris Président de l'Eglise Unifiée de Sanctification de Jésus-Christ ; Président, Le Quotidien d'Evangélisation de la Nation; Président, Mission Mondiale Manmin; Fondateur et Président du Conseil du Réseau Mondial Chrétien (GCN); fondateur et président du conseil du Réseau Mondial de Médecins Chrétiens (WCDN) et fondateur et président du conseil du Séminaire International Manmin (MIS).

Autres livres puissants du même auteur

Ciel I et II

Une esquisse détaillée de l'environnement de vie merveilleux dont jouiront les citoyens célestes au milieu de la gloire de Dieu.

Le Message de la Croix

Un puissant message de réveil pour tous les peuples qui sont spirituellement endormis. Dans ce livre, vous trouverez le véritable amour de Dieu et pourquoi Jésus est notre seul Sauveur.

Lectures sur 1 Corinthiens

Ce livre n'est pas seulement sur l'amour spirituel, les dons du Saint Esprit et la résurrection, mais il explique aussi en détails comment traiter divers problèmes tels que les poursuites judiciaires, le mariage et l'idolâtrie moderne.

Ma Vie, Ma Foi I et II

L'autobiographie du Dr. Jaerock Lee produit les plus odorant arôme spirituel pour les lecteurs, au travers de sa vie extraite de l'amour de Dieu qui a fleuri au milieu de vagues ténébreuses, d'un joug glacial et d'un profond désespoir

Goûter à la Vie Eternelle avant la Mort

Les mémoires témoignage du Révérend Dr. Jaerock Lee qui est né de nouveau et sauvé de la vallée de la mort et a vécu une vie chrétienne exemplaire.

La Mesure de la Foi

Quel type de lieu de séjour céleste et quelles espèces de couronnes sont préparés dans le ciel? ce livre donne sagesse et direction pour mesurer votre foi et cultiver la foi la plus parfaite et mature

La Puissance de Dieu

Un must à lire qui sert en tant que guide essentiel par lequel on peut posséder la foi véritable et expérimenter la merveilleuse puissance de Dieu.

Réveille-toi Israël

Pourquoi Dieu a-t-il gardé les yeux fixés sur Israël depuis le commencement du monde jusqu'à ce jour? Quel type de providence a été préparée pour Israël qui attend le Messie dans les derniers jours.

www.urimbooks.com

www.ingramcontent.com/pod-product-compliance
Lightning Source LLC
LaVergne TN
LVHW010311070526
838199LV00065B/5518